AF197309

Tanja Brock

# Mein Mond Journal

Tanja Brock

# Mein Mond Journal

Nutze die Magie des Mondes, um das Leben deiner Träume zu führen

mvgverlag

# Inhalt

*Wir müssen nur hinauf
zum Mond und
den Sternen blicken,
um zu begreifen,
dass wir stets von
wahrer Magie umgeben sind!*

# Vorwort

Ich beschäftige mich schon seit jungen Jahren mit den psychologischen und philosophischen Grundfragen des Lebens: Wie kann man im Einklang mit der eigenen Seele und individuellen Lebensgeschichte ein glückliches und selbstbestimmtes Leben führen? Diese Frage inspiriert mich.

Meiner Auffassung nach setzt jede Sinneswahrnehmung und jeder Gedanke Zellreaktionen sowie Energie und Frequenzen frei. Du kannst das mit dem »Gesetz der Anziehung« vergleichen, das nach dem Prinzip des Wünschens, Visualisierens und Manifestierens wirkt. Nach diesem Prinzip verläuft auch unser Leben, wenn wir den Zyklus des Mondes verinnerlichen und uns danach ausrichten.

Es gibt Dinge zwischen Himmel und Erde, die nicht für jeden begreifbar oder beweisbar sind. Trotz der Faszination, die das Spirituelle bereithält – wir leben hier in der physischen Welt und sollten deshalb unsere Bodenhaftung bewahren.

Ich sehe es als meine persönliche Mission an, altes spirituelles und kosmisches Wissen modern, realitätsnah und verständlich zu vermitteln. Denn mithilfe der allumfassenden Weisheit des Universums und dem uralten Wissen unserer Ahnen über die Zeichen des Kosmos können wir das Leben unserer Träume erschaffen. In meiner Arbeit verbinde ich deshalb auf magische Weise die Astrologie mit Lehren aus dem Schamanischen.

Es wäre zu schade, wenn wir aus Unwissenheit oder einer unbegründeten Angst, in eine verstaubte Esoterikwelt abzudriften, die kraftvollen Werkzeuge der Astrologie und des Mond-Wissens nicht nutzen würden.

In diesem Mond-Journal wirst du viel erfahren über die Magie des Mondes, über die Prinzipien der zwölf Tierkreiszeichen und wie du dich mithilfe von magischen Ritualen mit der Kraft des Mondes verbindest. Letztendlich lernst du aber am meisten über dich selbst!

Am Ende des Buches findest du einen Kalender der Voll- und Neumode für die kommenden fünf Jahre.

# Die Magie des Mondes und seine Wirkung auf uns

Mit diesem Buch möchte ich alle Leserinnen und Leser einladen, ihre ganz persönliche Beziehung zum Mond aufzubauen. Eine Verbindung, wie sie unsere Ahnen bereits vor Jahrtausenden lebte und zu der wir heute den Bezug verloren haben.

Der Mond ist unser ewiger treuer Begleiter und bietet genau das, wonach sich unsere moderne Gesellschaft insgeheim sehnt: Orientierung.

Dort oben am Himmel strahlt hell und weise der Mond wie eine Discokugel, nach deren magischem Rhythmus wir tanzen und die Party unseres Lebens feiern.

Der Mond reflektiert und transformiert Sonnenlicht und damit auch unser eigenes Licht. Denn die Sonne steht für unsere Identität, Lebenskraft und Persönlichkeit. Unser Sternzeichen beziehungsweise das Zeichen, in dem die Sonne zum Zeitpunkt unserer Geburt stand, repräsentiert die elementaren Merkmale unserer Persönlichkeit.

Der Mond spiegelt das Licht der Sonne wider und beleuchtet dabei unser Unbewusstes, unsere Bedürfnisse, Träume, Schatten und Geheimnisse. Das erklärt, warum viele von uns sich während der Lichtreflexion des Vollmondes wie geblendet fühlen, schlaflos, müde oder traurig sind.

Stellen wir uns auf den Wechsel der Mondphasen ein, können wir unsere natürlichen mondtypischen Eigenschaften, wie Gefühl, Intuition und Kreativität, intensiver nutzen. Diese Kräfte haben sich bereits unsere Ahnen zunutze gemacht: Sie orientierten sich bei Entscheidungen an den Mondphasen sowie am Wechsel der Jahreszeiten und hielten Rituale im Einklang mit dem Lauf der Planeten und den Sternbildern ab.

Die Beobachtung und Erforschung der Planeten waren in allen Kulturräumen jahrtausendelang verbreitet, bis dieses reiche und wertvolle Wissen seit dem Zeitalter der Aufklärung immer mehr in Vergessenheit geriet.

# Die acht Mondphasen

Du kannst die Mondzyklen mit der Entwicklung einer Blume vergleichen. Bei Neumond wird ihr Samen gelegt. Aus ihm keimt die Pflanze, wächst heran und erblüht. Bei Vollmond steht die Blume in voller Pracht und verblüht, bis eine neue Wachstumsphase beginnt.

**Neumond:** Der Anfang eines neuen Mondzyklus, in den wie ein Samen ein neuer Wunsch oder eine Absicht gelegt wird. Bei Neumond steht der Mond zwischen Erde und Sonne, sodass von der Erde aus nur seine dunkle Seite, die sogenannte Nachtseite, gesehen wird. Nach Neumond erscheint eine schmale Sichel.

**Zunehmender Sichelmond:** Zunehmen bedeutet wachsen; der Mond wird größer und scheint heller. Beim Sichelmond ist weniger als die Hälfte des Mondes sichtbar. Deine Absicht oder dein Wunsch wird langsam verstärkt.

**Zunehmender Halbmond (erstes Viertel):** Eine Hälfte des Mondes ist beleuchtet, die andere Hälfte liegt im Schatten. In dieser Phase geht es um Entscheidungsfindung.

**Zunehmender Dreiviertelmond (zweites Viertel):** In dieser Phase ist mehr als die Hälfte des Mondes beleuchtet. Wir dürfen unsere inneren Ziele noch einmal verfeinern, bevor die Vollmond-Magie beginnen kann.

**Vollmond:** Die Erde steht zwischen Sonne und Mond, die Sonne beleuchtet die sogenannte Tagseite des Mondes. Der Vollmond steht für die Erfüllung beziehungsweise Manifestation deiner Absicht oder deines Wunsches. Das Mondlicht offenbart unbewusste Schattenthemen.

**Abnehmender Dreiviertelmond (drittes Viertel):** Mehr als die Hälfte des Mondes ist beleuchtet. Du dankst für die Erfüllung neuer Wünsche und das Loslassen alter Energien.

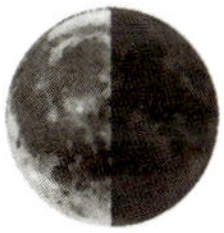

**Abnehmender Mond (letztes Viertel):** Die Hälfte des Mondes ist beleuchtet, die andere Hälfte liegt im Schatten. Diese Mondphase steht für die innere Vergebung negativer Emotionen und Gedanken.

**Abnehmender Sichelmond:** Mehr als die Hälfte des Mondes ist beleuchtet. Dies steht für die Konzentration auf einen neuen Zyklusbeginn.

# Wie wir die Kraft des Mondes für uns nutzen können

Alles im Universum strahlt Schwingungen unterschiedlichster Frequenzen aus. Diese kosmischen Schwingungen umgeben und durchdringen mit ihrer Energie nicht nur unseren physischen Körper, sondern auch unseren Energiekörper mit den Chakren und den Mentalkörper (unseren Geist). Die feinstofflichen Schwingungen des Mondes wirken besonders auf unsere Gefühle, Stimmungen, Wünsche und Träume ein.

Je mehr wir uns bewusst den Phasen des Mondes zuwenden, desto weniger erzeugen wir Blockaden, Spannungen oder Widerstände in den Schwingungen unseres Geistes. Dadurch fällt es uns leichter, unser Leben, unsere Ziele und Wünsche selbst zu gestalten.

Innerhalb von etwa 27 Tagen durchläuft der Mond alle zwölf Zeichen des Tierkreises. Jedes Tierkreiszeichen, in dem der Mond auf seiner Umlaufbahn für zwei bis drei Tage bleibt, verleiht der Wirkung des Mondes auf uns einen bestimmten Charakter. Die Wirkung eines Neu- oder Vollmondes ist etwa zwei bis drei Tage vor und nach dem jeweiligen Datum spürbar.

Jeder Neu- oder Vollmond ist ein Meilenstein auf dem Weg zum Glück und für uns von spiritueller Bedeutung. Nutze die Energie jedes Mond-Ereignisses dazu, deine verborgenen Wahrheiten, Wünsche und Träume zu manifestieren.

Die Denkansätze, Rituale und Fragen in diesem Buch sollen dich dabei unterstützen, in der jeweiligen Mondenergie dein Unterbewusstsein sinnvoll und positiv umzuprogrammieren.

Denn: Ändern wir unsere inneren Überzeugungen, verändert sich unser Verhalten, und wenn sich unser Verhalten ändert, verändert sich unser Leben.

Eine gute Faustregel, um sich zu orientieren, wann welcher Neu- oder Vollmond stattfindet, lautet, dass Neumonde in einem Tierkreiszeichen innerhalb der Zeit stattfinden, in dem auch die Sonne im selben Zeichen steht. Ein Beispiel: Im Zeichen Widder (21. März. bis 20. April) findet der Neumond statt, wenn die Sonne ebenfalls im Widder steht.

Bei Vollmond steht der Mond im jeweils gegenüberliegenden Achsenzeichen. Die jeweiligen Tierkreiszeichenpaare beinhalten im Konflikt ihrer Themen eine Lernaufgabe und Herausforderung für uns. Achsen bilden zum Beispiel: Stier–Skorpion: Materielles vs. Spiritualität, Zwilling–Schütze: Wissen vs. Glaube. In der Zeit vom 21. März bis 20. April steht der Widder-Vollmond also im Achsenzeichen der Waage, somit das Ich vs. Du.

Es gibt seltene Ausnahmen, bei denen sich der Ein- und Austritt des Mondes für einige Tage verschieben kann. Dann gibt es im Mondkalender innerhalb eines Zeichens zwei Neu- oder Vollmonde hintereinander.

Die Zeit zwischen zwei Neumonden oder zwei Vollmonden beträgt in etwa einen Monat. Es kann vorkommen, dass zu Beginn des Mondmonats ein Neu- oder Vollmond stattfindet, dem am Ende dieses Monats ein zweiter folgt.

Den zweiten Neumond innerhalb eines Monats nennt man »Black Moon«, den zweiten Vollmond innerhalb eines Monats »Blue Moon«.

# Die zwölf Tierkreiszeichen

Die Themen und Energien der Tierkreiszeichen prägen die Schwingung der Neumonde beziehungsweise der Vollmonde jeden Monat neu. Wenn wir also wissen, in welcher Qualität und auf welcher Achse die jeweilige Mondenergie mit und in uns arbeitet, können wir das aktiv für unsere eigene Mondmagie nutzen.

## Widder

**21. März bis 20. April**

| | |
|---|---|
| Element: | Feuer |
| Herrscherplanet: | Mars |
| 1. Haus: | Persönlichkeit und Ich-Identität |
| Prinzip: | »Ich kämpfe«-Themen: Ehrgeiz, Kämpfergeist, Antrieb, Dynamik |

# Stier

**21. April bis 20. Mai**

| | |
|---|---|
| Element: | Erde |
| Herrscherplanet: | Venus |
| 2. Haus: | Finanzen und Ressourcen |
| Prinzip: | »Ich besitze«-Themen: Selbstwert, Genuss, Körper/Sinne, Materielles |

# Zwillinge

**21. Mai bis 21. Juni**

| | |
|---|---|
| Element: | Luft |
| Herrscherplanet: | Merkur |
| 3. Haus: | Kommunikation und Geschwister |
| Prinzip: | »Ich denke«-Themen: Sprache, Schreiben, Wissen, Informationsaustausch |

# Krebs

## 22. Juni bis 22. Juli

| | |
|---|---|
| Element: | Wasser |
| Herrscherplanet: | Mond |
| 4. Haus: | Heim und Familie |
| Prinzip: | »Ich fühle«-Themen: Intuition, Gefühl, Fürsorge, Geborgenheit |

# Löwe

## 23. Juli bis 23. August

| | |
|---|---|
| Element: | Feuer |
| Herrscherplanet: | Sonne |
| 5. Haus: | Kinder und inneres Kind |
| Prinzip: | »Ich spiele«-Themen: Kreativität, Freude, Mut, Auftritt |

# Jungfrau

**24. August bis 23. September**

| | |
|---|---|
| Element: | Erde |
| Herrscherplanet: | Merkur |
| 6. Haus: | Arbeit und Gesundheit |
| Prinzip: | »Ich diene«-Themen: Analyse, Ordnung, Organisation, Ernährung |

# Waage

**24. September bis 23. Oktober**

| | |
|---|---|
| Element: | Luft |
| Herrscherplanet: | Venus |
| 7. Haus: | Beziehung und das Du |
| Prinzip: | »Ich beziehe mich«-Themen: Ästhetik, Gerechtigkeit, Harmonie, Liebe |

# Skorpion

**24. Oktober bis 22. November**

| | |
|---|---|
| Element: | Wasser |
| Herrscherplanet: | Pluto |
| 8. Haus: | Wandlung und Grenzerfahrung |
| Prinzip: | »Ich vertiefe«-Themen: Transformation, Spiritualität, Macht, Geheimnis |

# Schütze

**23. November bis 21. Dezember**

| | |
|---|---|
| Element: | Feuer |
| Herrscherplanet: | Jupiter |
| 9. Haus: | Glaube und Wissen |
| Prinzip: | »Ich glaube«-Themen: Philosophie, Abenteuer, Sinn, Wachstum |

# Steinbock

**22. Dezember bis 20. Januar**

| | |
|---|---|
| Element: | Erde |
| Herrscherplanet: | Saturn |
| 10. Haus: | Karriere und Erfolg |
| Prinzip: | »Ich strukturiere«-Themen: Pflicht, Verantwortung, Wahrheit, Ambition |

# Wassermann

**21. Januar bis 19. Februar**

| | |
|---|---|
| Element: | Luft |
| Herrscherplanet: | Uranus |
| 11. Haus: | Gemeinschaft und Zukunftsvision |
| Prinzip: | »Ich weiß«-Themen: Intellekt, Vision, Freiheit, Technik |

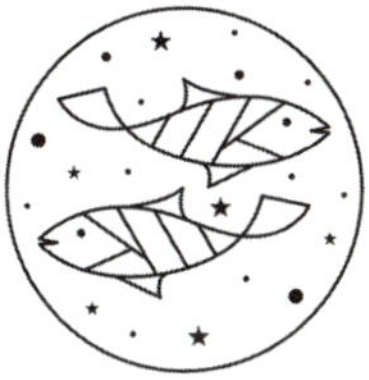

# Fische

**20. Februar bis 20. März**

| | |
|---|---|
| Element: | Wasser |
| Herrscherplanet: | Neptun |
| 12. Haus: | Spiritualität und Vorstellungskraft |
| Prinzip: | »Ich spüre«-Themen: Träume, Kreativität, Frieden, Feinsinn |

# Vollmond – Magie der Bewusstwerdung und Vollendung

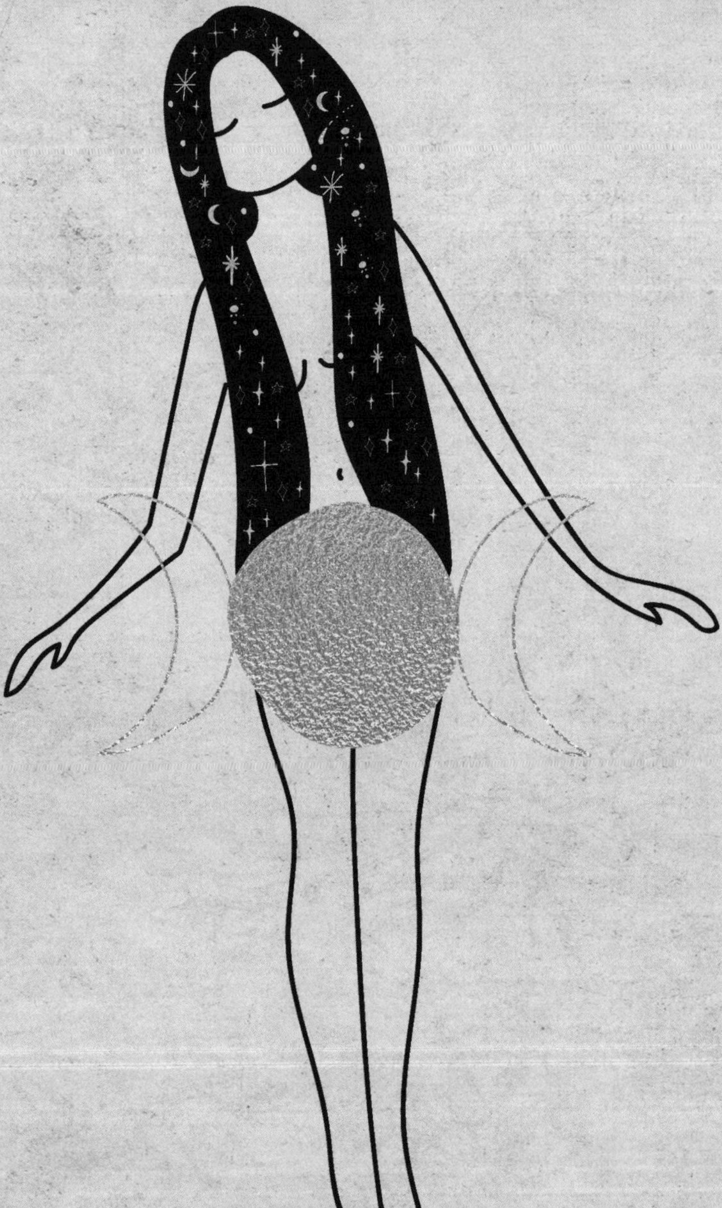

# Vollmond

Bei Vollmond steht der Mond der Sonne gegenüber und wird vollständig vom Sonnenlicht angestrahlt.

Mond und Sonne befinden sich bei Vollmond auf den gegenüberliegenden Achsen des Tierkreises. Der Vollmond bildet astrologisch eine Opposition zur Sonne, und die Spannung zwischen den Grundthemen der einzelnen Zeichen wird offenbar. Steht zum Beispiel im Zeitraum vom 21. März bis 20. April die Sonne im Widder und der Vollmond in der Waage, geht es um den Konflikt zwischen dem Widder-Thema des Ichs und dem Waage-Thema des Du.

Diese konfrontative Schwingung hat ein starkes Potenzial und unterstützt uns dabei, während des Vollmondes unsere inneren Widersprüche und Polaritäten in ein harmonisches Gleichgewicht zu bringen.

Der Vollmond am Ende des Mondzyklus ist eine ausgezeichnete Phase, um mit dieser kraftvollen Energie das zu vollenden und zu ernten, was du am Zyklusbeginn bei Neumond als Samen deiner Absicht oder deines Wunsches gelegt hast.

Stell dir die Kraft des Vollmondes wie einen magischen Scheinwerfer vor: Das helle Licht der Sonne wirft ein intensives Licht der Bewusstwerdung auf das Unterbewusste, auf innere Schatten, Konflikte und Schmerz. Daher wird während des Vollmondes häufig von starker Traumaktivität berichtet.

Oft ist die Stimmung explosiv, weil verdrängte Emotionen beleuchtet werden und an die Oberfläche dringen. Viele Menschen sind deshalb bei Vollmond empfindlich und nervös. Am Ende des Zyklus entladen sich zum Vollmond aufgestaute und negative Gefühle.

# Vollmond im Steinbock

## Grenzen & Schutz

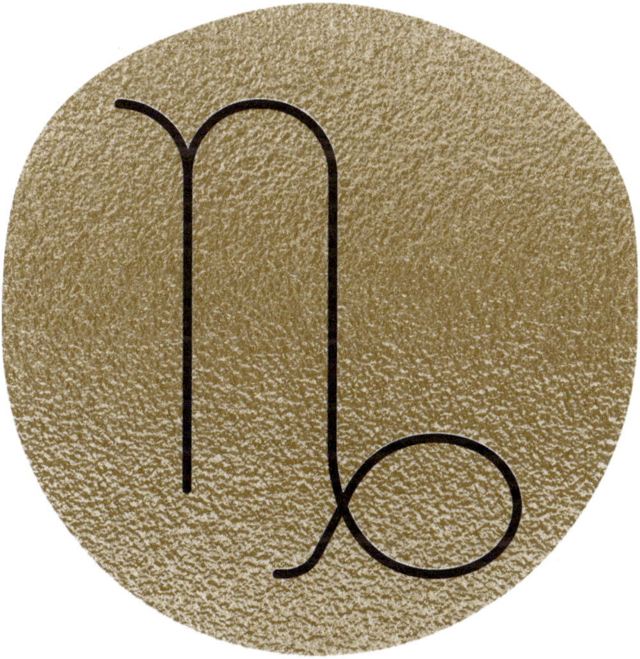

**Element:** *Erde*
**Herrscherplanet:** *Saturn*

24.06.21 ★ 13.07.22 ★ 3.07.23 ★ 21.07.24
10.07.25 ★ 30.06.26 ★ 29.07.26

Die Energie des Zeichens Steinbock fordert uns auf, verantwortungsvoller und reifer mit den eigenen Grenzen umzugehen und diese zu schützen. Auf der Achse mit dem Zeichen Krebs sollen wir trotz aller Ambitionen und Karriereorientierung mehr für uns selbst sorgen. Daher ist dieser Vollmond ein guter Zeitpunkt, um die persönliche Work-Life-Balance mal auf den Prüfstand zu stellen.

In seiner Opposition zur Sonne beleuchtet der Vollmond die Archetypen des Vaters und der Mutter. Die Energie des Steinbocks sorgt väterlich und pflichtbewusst dafür, dass die Arbeit erledigt wird, und sichert den Unterhalt. Die mütterliche Krebs-Energie schaut dabei auf unser seelisches Wohlbefinden und will, dass es uns bei allem Ehrgeiz gut geht.

Vielleicht entsteht daraus der Impuls, Termine für eine Gesundheitsvorsorge oder pflegende Kosmetikbehandlung zu planen. Auch eignet sich dieser Vollmond hervorragend, um langfristige berufliche Projekte erfolgreich abzuschließen. Der Herrscher des Steinbocks ist der strenge Planetenherrscher Saturn. Dieser steht für Pflicht, Verantwortung, Reife und Begrenzung.

Emotionale Grenzen sind nichts anderes als der Unterschied zwischen dem, was sich gut und richtig anfühlt, und etwas, das dem nicht entspricht. Je mehr wir reifen und wachsen, desto mehr finden wir heraus, wer wir sind. Je besser wir über uns selbst Bescheid wissen, können wir auch Nein sagen zu dem, was wir nicht sind. Denn Grenzen sind die physische Manifestation unseres Geistes und definieren unsere emotionale und spirituelle innere Struktur.

Der Vollmond im Steinbock will, dass wir herausfinden, wie wir mit unseren Begrenzungen umgehen. Dabei dürfen wir sowohl unsere innerlich-physischen als auch unsere feinstofflich-energetischen Kraftgrenzen erkunden.

# Reflexion deiner Grenzen

Wir dürfen lernen, unsere energetischen Grenzen als einen heiligen Teil unseres Ichs anzunehmen. Die den menschlichen Körper umgebende feinstoffliche Energiehülle wird als Energiefeld oder Aura bezeichnet. Sie verleiht uns Grenzen und schenkt der Seele Schutz – wie eine hauchdünne Eierschale, die das Innere des Eis schützt.

Stell dir vor, dein Energiefeld wäre ein Haus. Du würdest doch niemandem erlauben, einfach so hereinzukommen, oder?

Wie würdest du dich fühlen, wenn jemand ungefragt zu deinem Kühlschrank spazieren und dein Essen verzehren würde? So ähnlich ist es, wenn wir sogenannten Energievampiren erlauben, unsere persönlichen Begrenzungen zu überschreiten. Nach so einer Begegnung fühlen wir uns kraftlos, unsere Energiereserven sind verbraucht und wir sind durch den Wind.

Mit den folgenden drei Schritten kannst du dich schützen und vermeiden, dass Energievampire Zutritt zu den heiligen Hallen deiner Seele erhalten.

1. Identifiziere den Energievampir.
2. Wenn Treffen sich nicht vermeiden lassen, bleib innerlich bei dir. Nutze dafür das gedankliche Bild des Hauses. Nur du allein darfst es bewohnen und betreten!
3. Lass dich nicht emotional auf den Energievampir ein. Trag bei jedem Treffen zum Beispiel einen schwarzen Turmalin-Heilstein für deinen energetischen Schutz.

## In welchen Bereichen deines Lebens möchtest du mehr gesunde Grenzen setzen?

## In welchen Momenten möchtest du Nein und damit Ja zu dir selbst sagen?

Gibt es Menschen, die immer wieder deine Grenzen überschreiten? Kannst du dich gut von ihnen und von Energievampiren abgrenzen?

Wie kannst du trotz der vielen Arbeit besser auf dein Wohlbefinden achten und für dich sorgen, damit du nicht selbst dein größter Energieräuber wirst?

# Vollmond im Wassermann

## Karma & Kollektiv

**Element:** *Luft*
**Herrscherplanet:** *Uranus*

24.07.21 ★ 22.08.21 ★ 12.08.22
1.08.23 ★ 19.08.24 ★ 09.08.25

Bei Vollmond im Wassermann sollen wir die Heilung des Kollektivs über unsere persönlichen Interessen stellen. Das Zeichen Wassermann beinhaltet nicht nur das Prinzip der Befreiung und Erneuerung. Vielmehr entspricht es auch dem astrologischen Archetyp des mitfühlenden und humanitären Helfers, der mit seiner Originalität und Individualität einen Unterschied in der Welt machen will.

Dabei ermahnt uns die Energie des Wassermanns, soziale Gerechtigkeit als Teil unserer persönlichen und gemeinschaftlichen Pflicht zu verstehen. Im Sinne des Karmas dürfen wir in dieser Schwingung nach dem Geist der Nächstenliebe handeln und uneigennützig Gutes tun. Karma ist das kosmische und spirituelle Gesetz von Ursache und Wirkung und ist untrennbar mit unseren Handlungen verbunden.

In der traditionellen und älteren Astrologie wurde das Zeichen Wassermann bis zur Entdeckung des Uranus vom Planeten Saturn regiert. Dieser ist unter anderem der Planet des Karmas und der Pflicht.

Durch die Vollmondenergie wird unser Verhältnis zur Gemeinschaft, zu Gruppen und Netzwerken und zur Zukunft der Menschheit beleuchtet. Er unterstützt uns dabei, aktiv Gutes für das Miteinander zu tun und uns dafür mit anderen zu vernetzen. Mit jedem noch so kleinen Akt von Nächstenliebe, Freundlichkeit und Hilfsbereitschaft können wir einen Unterschied in der Welt machen.

Wir leben in einer Zeit, in der wir uns der großen Probleme der Menschheit und des Planeten Erde bewusster werden müssen. Sei es der Klimawandel, die soziale Ungleichheit oder globale Pandemien – wichtige Gründe für Zusammenhalt und Zusammenarbeit gibt es immer!

# Kundalini-Heilungsmantra

Der Vollmond im Luftzeichen Wassermann erhöht unsere Neugier und Beobachtung und weckt das Interesse an neuen Themen und auf die Zukunft ausgerichtete Ideen. Wie wäre es, in dieser Phase einmal das spirituelle Mantra-Singen oder Chanten auszuprobieren – vielleicht bei einem Vollmond-Kreis in einer Gruppe oder allein.

Das Mantra *Ra Ma Da Sa Sa Say So Hung* entstammt der Kundalini-Tradition und dient deiner eigenen Heilung, der Heilung anderer Personen, einer Gemeinschaft oder des Kollektivs. Es ist ausgerichtet auf die Energien der Sonne, des Mondes, der Erde, des unendlichen Geistes des Universums und des individuellen Ichs. Die Frequenz dieses Mantras wird durch die Vollmondenergie im Wassermann erhöht.

Tipp: Du findest das Mantra auch auf YouTube zum Anhören und Mitsingen!

*Ra* symbolisiert die Sonne.
*Ma* symbolisiert den Mond.
*Da* symbolisiert die Erde.
*Sa* symbolisiert die Unendlichkeit.
*Say* symbolisiert das Du.
*So Hung* symbolisiert die persönliche Identität.

»DIE KLEINSTE BEWEGUNG IST
FÜR DIE GANZE NATUR VON BEDEUTUNG;
DAS GANZE MEER VERÄNDERT SICH,
WENN EIN STEIN HINEINGEWORFEN WIRD.«[1]

Blaise Pascal

## Was bedeutet Karma für dich persönlich?

## Welches Geschenk deiner Seele möchtest du der Welt übermitteln, um dich in den Dienst des Kollektivs zu stellen?

## Was tust du bereits für die Gemeinschaft?
## Was könntest du sonst noch tun?

# Was bedeuten Mitgefühl und Menschlichkeit für dich persönlich?

## Was an dir ist originell und individuell?

## Wie wünscht du dir die Zukunft unserer Gesellschaft?

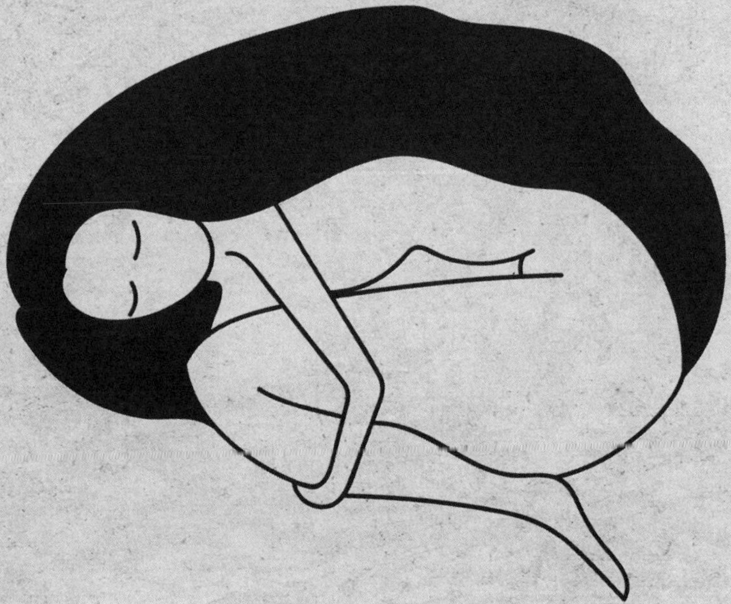

# Vollmond in den Fischen

## Abtauchen & Frieden

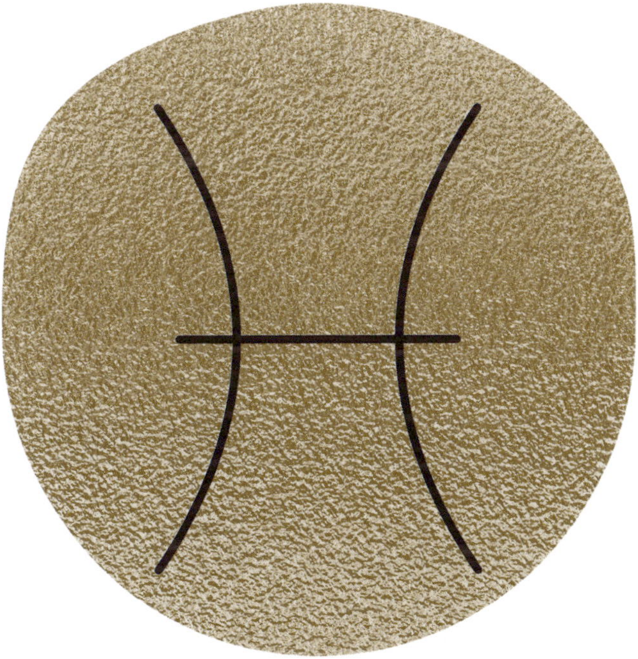

**Element:** *Wasser*
**Herrscherplanet:** *Neptun*

21.09.21 ★ 10.09.22 ★ 31.08.23 ★ 18.09.24
07.09.25 ★ 28.08.26 ★ 26.09.26

Der Vollmond im Zeichen Fische intensiviert den Wunsch nach innerem Frieden. Er kann viel Positives, Wunder und Heilung in unser Leben bringen. Vielleicht erleben wir aufgrund unserer erhöhten Sensibilität und feinen Wahrnehmung in dieser Zeit aber auch Enttäuschungen beziehungsweise das Ende von Täuschungen durch andere. Diese Energie kann sehr anstrengend sein und uns nach einer Oase der Ruhe sehnen lassen.

Das Zeichen Fische und auch die Mondenergie an sich sind stark geprägt vom Element Wasser, dem Urstoff allen Lebens. Wasser ist das Symbol alles Seelischen, dessen Intuitionskraft über der Verstandeskraft steht. In der Magie des Neumondes in den Fischen dürfen wir tief in das Meer der Stille und in die Sphäre unserer Intuition und Träume eintauchen.

Für unsere Intuition und um Botschaften der geistigen Welt empfangen zu können, brauchen wir innere und äußere Ruhe. Dafür müssen wir uns spüren und uns selbst genügend Raum schenken. Sich selbst richtig fühlen zu können, ist im Grunde genommen einfach, aber doch so schwer. Das entspricht der inneren Zerrissenheit, die das Zeichen Fische begleitet. In einem erlösten Zustand kommt es jedoch in eine friedvolle Balance.

Viele von uns sind zu sehr damit beschäftigt, Bestätigung, Sicherheit und Geborgenheit im Außen zu suchen. Das verursacht innere Unruhe, die durch die ständige Erreichbarkeit und die Ablenkungsmöglichkeiten unserer modernen Welt noch verstärkt wird.

Der Vollmond in den Fischen intensiviert den Drang nach Selbstverwirklichung und Befreiung. Wir dürfen Stille und Ruhe in uns selbst finden.

# Seerosen-Meditation

Mach es dir bequem im Meditationssitz. Vielleicht möchtest du einer sanften Wasserklang-Entspannungsmusik lauschen.

Stell dir vor, du bist eine kleine, feine Seerose. Deine Füße sind deine Wurzeln, die dich im weichen, tiefen und dunklen Grund eines hübschen Teichs verankern. Aus deinen Wurzeln wachsen lange, geschwungene Ranken in Richtung des Lichts an der Wasseroberfläche. Auf dem Wasser ruhen deine großen grünen Blätter wie Hände. Sie genießen es, wie sie von der Wärme des Sonnenlichts gestreichelt werden. Die Seerose wird gekitzelt von einer sanften Brise. Sie empfindet tiefen Frieden, Geborgenheit und Sicherheit an ihrem ganz eigenen Platz im Teich.

Im wahren Erspüren deines göttlichen Wesens bist du selbst alle vier Elemente: Du bist tief in Mutter Erde verwurzelt. Das Wasser des Teiches steht für deine Gefühle. Die Luft des Windes ist dein Lachen. Das Feuer der Sonne ist deine Lebenskraft, die dich wachsen und nach oben streben lässt.

Gleichzeitig bist du eine Einheit aus deinen feinen Sinnen, die in friedlicher Balance sind. Durch die Visualisierung der Seerose erfährst du deine Verbindung mit den Elementen. Und vielleicht erkennst du die verborgene Botschaft und die göttliche Wahrheit: Alles ist eins und es gibt keine Trennung!

## An welchem Ort kannst du dich richtig gut entspannen?

## Wie gehst du mit deinem Bedürfnis nach Ruhe und innerem Frieden um?

## Wann spürst du die Verbindung mit dem Universum und allem Sein am tiefsten?

Durch welche Tätigkeit oder Absicht findest du Zugang zu deiner inneren Welt?

# Vollmond im Widder

## Feuer & Ehrgeiz

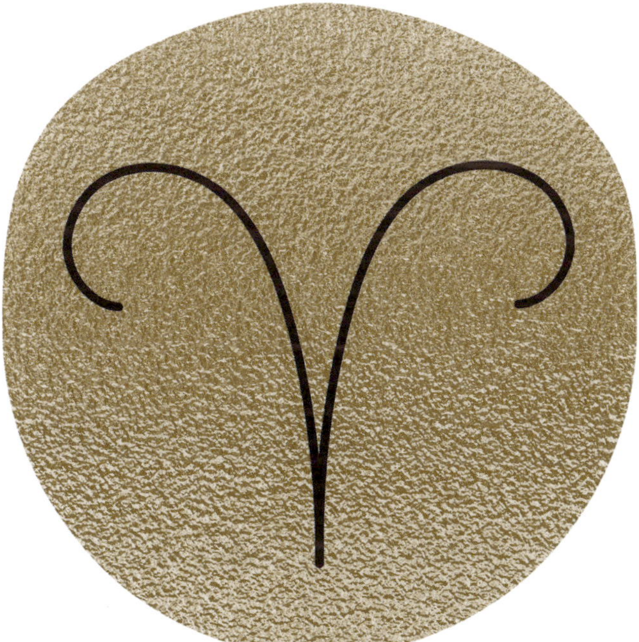

**Element:** *Feuer*
**Herrscherplanet:** *Mars*

20.10.21 ★ 09.10.22 ★ 29.09.23
17.10.24 ★ 07.10.25 ★ 26.09.26

Der Widder-Vollmond bringt das innere Feuer der Leidenschaft für die Liebe, den Erfolg und Beruf und alle Ich-Themen in Wallung. Die sich aufbauende explosive Vollmondenergie im Widder kann Konflikte und hitzige Diskussionen auslösen. Schließlich ist der Planet Mars der Herrscher des Zeichens Widder.

Jetzt ist ein besonders guter Zeitpunkt, um neue Wege zu beschreiten. Wir dürfen unser Verhalten überdenken, gerade wenn noch alte Vulkane an diversen Baustellen des eigenen Lebens rauchen mögen.

Bei einem Vollmond im Widder wird unsere persönliche Handlungsfähigkeit beleuchtet: Wir dürfen und sollen Mut und Pioniergeist beweisen und mit Ehrgeiz mehr wagen. Widder-Energie ist Antrieb und Lebenskraft in Aktion. Es könnte gut sein, dass ein innerer Wunsch nach Unabhängigkeit und Selbstbehauptung verstärkt wird. Und vielleicht kocht auch Wut in uns hoch.

Bei diesem Vollmond lohnt es sich, auf die astrologische Achse zu blicken, die das Zeichen Widder mit der Waage bildet. Diese repräsentiert das »Ich« und das »Du«.

Oft ist die Wut, die ein anderer Mensch, das »Du«, in uns auslöst, auf uns selbst gerichtet. Wir sind wütend auf uns selbst, weil wir uns selbst zu sehr vergessen haben und nicht die notwendigen Grenzen und Konsequenzen gezogen haben. Eine neue Sicht auf unser eigenes Ich hilft uns, diese Konflikte zu überwinden. Aber dafür müssen wir auch etwas tun und in Aktion kommen. Dieser Vollmond schenkt uns den Antrieb dafür!

# Schreibübung »Ich bin!«

Schreib auf ein Blatt Papier positive »Ich bin«-Sätze. Lobe zum Beispiel alles, auf das du stolz bist. Oder hebe heraus, was dich einzigartig und besonders macht, etwa dein Äußeres: »Ich bin hübsch.«

Schreib auf ein anderes Blatt alle Glaubenssätze, die ein leises »Aber« beinhalten oder die im kompletten Widerspruch zu deinen positiven »Ich bin«-Aussagen stehen. Diese machen dir bewusst, wo du im Inneren noch im Konflikt mit dir und deinem Selbstbewusstsein bist. Ein Widerspruch könnte zum Beispiel lauten: »Ich bin hübsch.« – »Aber meine Figur gefällt mir nicht.«

Sammle mindestens fünf »Ich bin«-Aussagen und deren Widerspruch- und Verhinderungssätze. Zünde eine Kerze an. Atme ein paarmal tief ein und aus und verbrenne dann bewusst das Papier mit den Verhinderungssätzen, die deinem inneren Gegner und einer negativen inneren Haltung entsprechen.

Die positiven »Ich bin«-Aussagen sprichst du laut vor dem Schlafengehen. Bewahre das Blatt als dein persönliches Mantra auf oder hänge es an den Badezimmerspiegel, wo du es jeden Tag siehst.

# Welche Situationen entwickeln sich explosiv und hitzig?

## *Was macht dich immer wieder wütend oder aggressiv?*

## In welchen Bereichen deines Lebens bist du besonders ehrgeizig und aktiv?

## Wo zeigst du Pioniergeist und kannst stolz behaupten: »Hierin bin ich gut«?

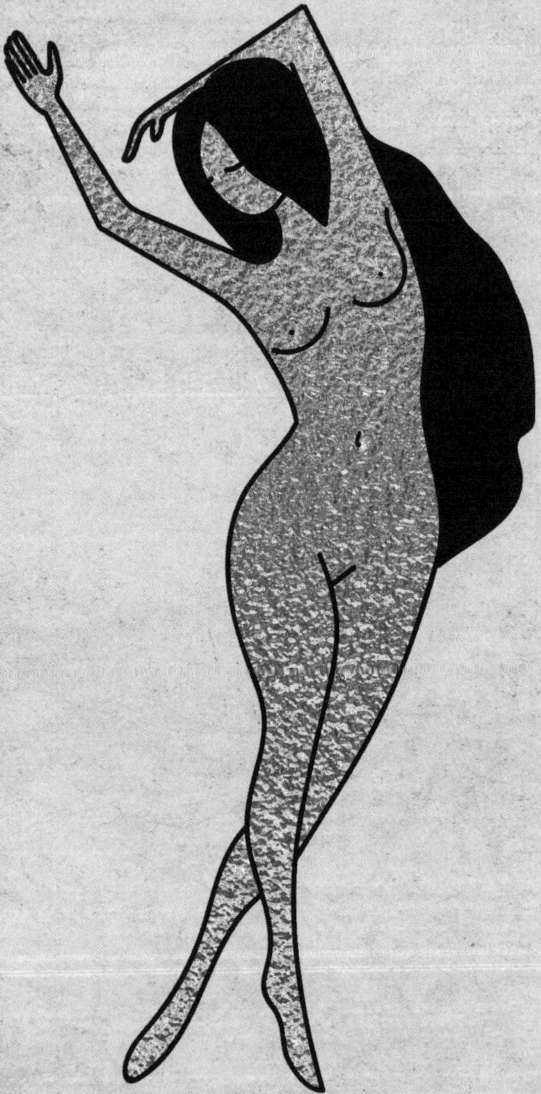

# Vollmond im Stier

## Sinnlichkeit & Genuss

**Element:** *Erde*

**Herrscherplanet:** *Venus*

19.11.21 ★ 08.11.22 ★ 28.10.23

15.11.24 ★ 05.11.25 ★ 24.11.26

Das Erdzeichen Stier beinhaltet einen sehr körperlichen Aspekt. Während eines Vollmondes im Stier wird ein Scheinwerfer auf alte Blockaden in unserem physischen Körper gerichtet, aber auch auf den Energiekörper, damit er geheilt wird.

Erst wenn wir diese inneren Knoten lösen, kann die frei gewordene Energie sich in Schönheit, Anmut, gelebter Sinnlichkeit und echtem Genuss offenbaren. Aus energetischer Sicht hängt das mit der Aktivierung des Wurzelchakras durch die Stier-Energie zusammen. Um dieses Chakra für die Lebensenergie zu öffnen, braucht es auch den Genuss. Dazu gehören neben dem Verzehr von leckeren Speisen auch körperliche Nähe zu geliebten Menschen und das Prickeln der Erotik. Sexualität und Sinnlichkeit sind unsere Grundlebensenergie, von der unser Körper sich nährt.

Der Vollmond im Stier lädt uns ein, wieder mehr unsere eigene Lebenskraft wahrzunehmen und uns zu erden. Es ist wichtig, unseren Körper fit und gesund zu halten und in die Natur hinauszugehen, um uns zu erden. Erdung gibt uns auch die Verbindung zu geliebten Menschen, die uns nahestehen.

Jetzt geht es auch um das wichtige Thema »Geben und Nehmen«. Die Energie des Vollmondes im Stier ist eine Einladung, uns liebevoll, sinnlich um uns selbst zu kümmern und gleichzeitig die Menschen, die uns wichtig sind, zu nähren. Das gilt auch für alle anderen Lebewesen um uns herum und für Mutter Natur, der wir mehr Zuwendung schenken sollten. Wir dürfen sie zum Zeitpunkt des Vollmondes im Stier bewusst wertschätzen und ehren.

Unsere Einstellung gegenüber Sinnlichkeit und ein allzu strenger Verzicht auf Genuss zeigt uns auf, wo unser Selbstwertgefühl im Unfrieden ist.

# Erwecke die Venus in dir

Errichte für dich einen »Thron der Venus«, vielleicht mithilfe eines Kissens auf dem Boden. Leg beispielsweise Rosenquarzsteine in einem Kreis um das Kissen herum aus, verteile Rosenblätter, verwende Rosenöl oder eine Rosenduftkerze. Danke Mutter Erde für die Sinnlichkeit und Schönheit der Rosenpflanze.

Besorge deine Lieblingsschokolade oder Trüffel, und falls du nichts Süßes magst, gern eine etwas dekadentere Leckerei wie zum Beispiel Sushi, Kaviar oder Austern. Gönn dir vielleicht auch ein Glas Champagner oder Wein. Zieh eines deiner sinnlichsten Outfits an, zum Beispiel etwas aus Seide, und setz dich auf deinen Venus-Thron. Erhebe dein Glas zu Ehren von Venus, proste ihr gedanklich zu.

Wenn du lieber alkoholfrei genießt, dann hebe die Tasse deines Lieblingstees, dessen Geruch dich wohlig umhüllt.

> »DENN AUCH SIE SIND SAMMLER VON FRÜCHTEN UND WEIHRAUCH, UND OBWOHL DAS, WAS SIE BRINGEN, AUS TRÄUMEN ERSCHAFFEN WURDE, IST ES DENNOCH KLEIDUNG UND NAHRUNG FÜR EURE SEELE.«[2]
>
> Khalil Gibran

Versuche, in deinen Körper zu fühlen, spüre in dein Wurzelchakra, das zwischen Anus und den Genitalien liegt. Verbinde dich mit ihm.

Lass dich von der Energie des Vollmondes durchströmen, während du dieses Ritual genießt. Du tust nichts außer zu genießen, während du über deine Füße Erdung spürst. Fühle, wie die Mondenergie sich in deinem Körper ausbreitet und du von venushafter Sinnlichkeit erfüllt wirst.

Auf welchen deiner Sinne bist du
am stärksten ausgerichtet?
Hören, Fühlen, Tasten, Riechen oder Schmecken?

## Wo lebst du Sinnlichkeit und vielleicht einen Hauch von Luxus?

# Welchen Genuss verwehrst du dir?

Bist du es dir wert, dir zukünftig mehr Sinnlichkeit und Genuss zu gönnen?

## Wenn ja,
## wie willst du das konkret umsetzen?

## Was bedeutet für dich Venuskraft und gelebte, erdverbundene Weiblichkeit?

# Vollmond in den Zwillingen

## Kommunikation & Gedanken

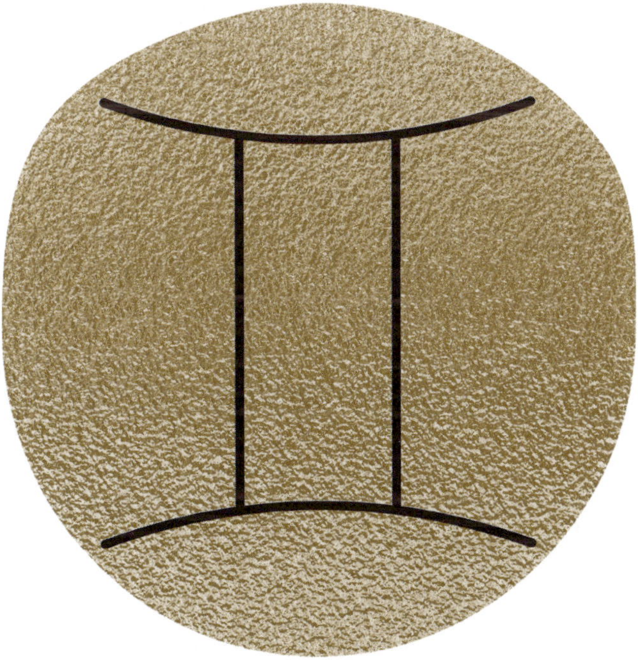

**Element:** Luft
**Herrscherplanet:** Merkur

19.12.21 ★ 08.12.22 ★ 27.11.23
15.12.24 ★ 05.12.25

Das Zeichen Zwillinge steht für Dualität und Polaritäten. Ein Vollmond in den Zwillingen trägt daher auch immer eine leicht diffuse, haltlose und etwas verwirrende Energie in sich. Sie entspricht der Luft, dem nicht greifbaren Element der Zwillinge. Die Energie der Dualität kann ein Gefühl der Unentschlossenheit oder des Schwankens zwischen allen Möglichkeiten verstärken.

Unter dem Zwillingsvollmond werden wir dazu ermutigt, unser Denken bewusster zu gestalten, alte Glaubenssätze aufzulösen und eingefahrene Denkmuster flexibler zu halten. Wir müssen nicht alles glauben, was wir denken, und dürfen den Wahrheitsgehalt unserer Gedanken überprüfen.

Wir haben jederzeit die Möglichkeit, unsere ganz eigene Lebensgeschichte neu zu schreiben – und auch zu entscheiden, auf welche Gedanken und Stationen unserer Geschichte wir hören und uns konzentrieren wollen.

Anstatt sich ständig über innere Gedankenkonflikte zu ärgern, wäre unsere Energie sinnvoller für die Veränderung unserer Gedanken und inneren Haltungen verwendet. Das fördert unsere gedankliche Freiheit, auch hinsichtlich unserer Wünsche und wie wir uns deren Erfüllung vorstellen.

Unsere Sprache und Kommunikation haben großen Einfluss, auch auf unsere eigenen Gedanken. Wirklich authentisch und ehrlich sind all die Worte, die aus unserem Innersten direkt zum Herzen und zur Seele eines anderen Menschen fließen. Nicht jeder Mensch hat den Mut, in vollkommener Ehrlichkeit auszusprechen, was er denkt und fühlt. Dadurch wird die Magie der Worte jedoch blockiert.

Wähle deine Worte mit Bedacht. Worte sind pure Magie, das dürfen wir niemals vergessen!

# Deine Glaubenssätze – ein Mindshift-Ritual

Dieser Vollmond ist ein guter Zeitpunkt, um deine Gedanken und Gefühle aufzuschreiben und dadurch an einen Ort der inneren Weisheit und Wahrheit zu gelangen. In diesem Raum kann sich die Magie der Worte am besten entfalten.

Auch ist die Frage wichtig: Wie sprichst du mit dir selbst? Wie ist es um dein eigenes Mindset bestellt?

Mit dem folgenden schriftlichen Mindshift-Ritual darfst du deine Glaubenssätze und deine negativen Gedanken ins Positive verwandeln:

1. Mach es dir an einem ruhigen Platz gemütlich und zünde eine Kerze an.
2. Geh in dich. Meditiere für ein paar Minuten, atme langsam tief ein und aus und lausche während des Rituals einer Entspannungsmusik.
3. Sitz ruhig da und sei achtsam, welche Gedanken und Gefühle zu dir kommen bei den Fragen: Wie spreche ich mit mir selbst und welche Sprache verwende ich dafür? Ist sie liebevoll, nett und verständnisvoll? Oder genau das Gegenteil?
4. Schreib auf, was du im Moment über dich selbst denkst.
5. Notiere dann, was du künftig Positives über dich denken möchtest.
6. Streiche die negativen Glaubenssätze über dich selbst und formuliere sie positiv um: Wandle zum Beispiel »Ich bin unordentlich« um in »Ich habe das Potenzial, ordentlicher zu werden.«

## Welche Geschichten erzählst du dir immer wieder über dich selbst, die dich blockieren?

## Was kannst du aus diesen Geschichten über deine eigenen Glaubenssätze erfahren?

## Welche Blockaden hemmen eine ehrliche Kommunikation mit dir selbst und mit anderen?

## Wie kannst du leichter und flexibler in die Kommunikation kommen?

Was liegt dir mehr: schreiben, sprechen, lesen? Achte darauf, regelmäßig einen Kanal für deine geistigen Gedanken zu nutzen und diese auszudrücken.

## Was wolltest du schon lange mal schriftlich verfassen und schiebst es immer auf?

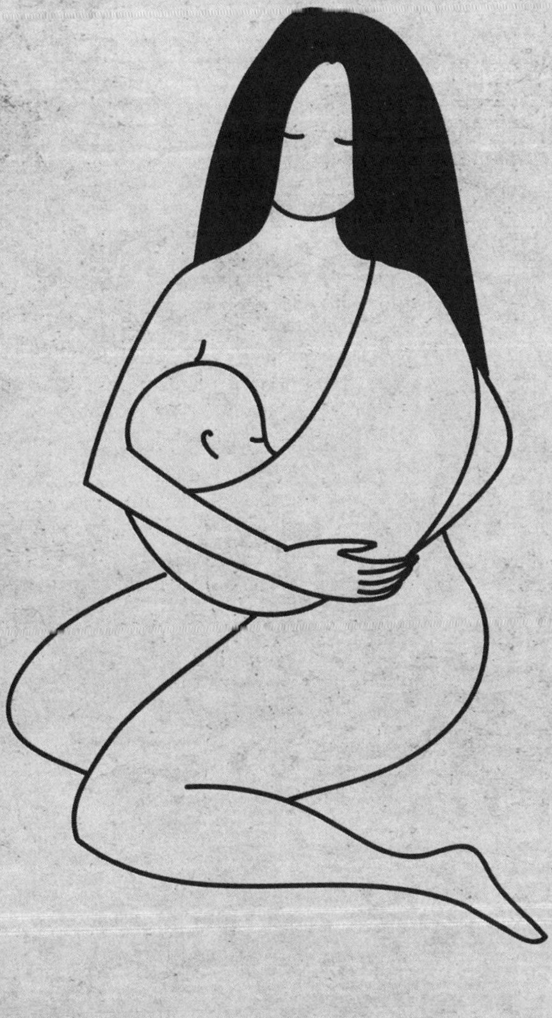

# Vollmond im Krebs

## Selbstfürsorge & inneres Zuhause

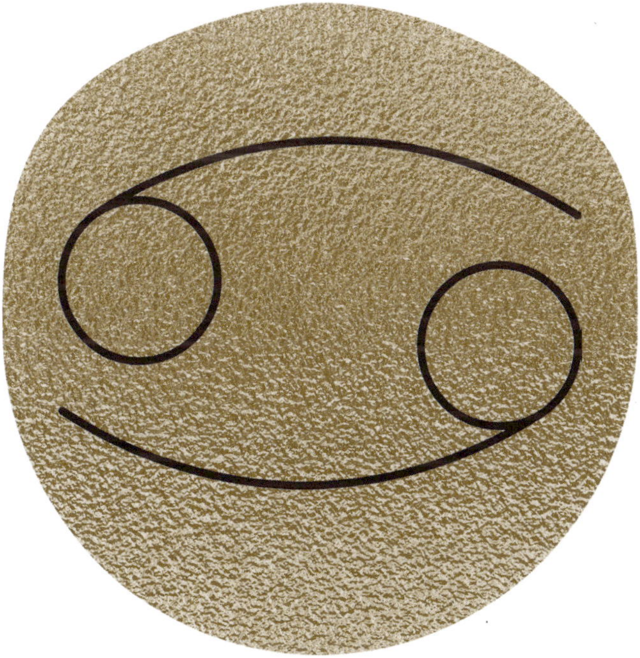

**Element:** *Wasser*
**Herrscherplanet:** *Mond*

18.01.22 ★ 07.01.23 ★ 27.12.23 ★ 25.01.24
13.01.25 ★ 03.01.26 ★ 24.12.26

Im Tierkreiszeichen Krebs wirkt der Mond besonders intensiv, denn schließlich ist er der Herrscher dieses Zeichens. Dem Krebs gegenüber steht der Steinbock, der eine gewisse Struktur für sein Wohlbefinden benötigt.

Bei diesem Vollmond geht es um Selbstfürsorge: Wenn wir uns nicht gut um uns selbst kümmern, uns vernachlässigen und unsere eigenen Bedürfnisse ignorieren, sind zahlreiche Probleme vorprogrammiert. Dazu gehören Erschöpfung, Überlastung, Stress, Krankheit und Unzufriedenheit.

Der Krebs ist nicht nur das mütterlichste aller Zeichen, seine Gefühlswelt ist gleichzeitig tief und verletzlich. Dieser Vollmond beleuchtet längst zurückliegende Erfahrungen, die uns aber noch immer beschäftigen, oft liegen sie in der Kindheit. Die sensible Vollmondenergie führt uns zu unseren tiefsten und sensibelsten Bedürfnissen und Erinnerungen, vor allem in Bezug auf die eigene Mutter, die Familie, alte Freunde, alte Ängste, und verstärkt den Wunsch nach Geborgenheit und einem inneren Zuhause, das uns eine zuverlässige und beständige emotionale Basis bietet.

Oft fühlen wir uns innerlich regelrecht »abgespalten«, was völlig normal und verständlich ist, wenn wir es in der Kindheit nicht leicht hatten. Dann fehlt eine tiefe fühlende und wissende Verbindung zum selbstfürsorgenden Anteil in uns. Wir erlauben unseren Gefühlen nicht, frei wie das Wasser zu fließen.

Dieser Vollmond berührt uns tief und führt uns zu Fragen über unsere engsten Verbindungen: Wo, wann und mit wem fühle ich mich wirklich wohl?

# Wohlfühl-Mantra

Nimm und gib dir Platz, Zeit und Raum nur für dich. Lausche deinen Emotionen und wende dich ganz deiner Intuition zu.

»SEINEM HERZEN GLAUBEN, ZUMAL, WENN ES ERPROBT IST: DANN VERSAGE MAN IHM NICHT DAS GEHÖR, DA ES OFT DAS VORHERVERKÜNDET, WORAN AM MEISTEN GELEGEN. ES IST EIN HAUSORAKEL.«[3]

Balthasar Gracian

Begehe diesen Vollmond mit einer sanften, kurzen Meditation oder Atemübung deiner Wahl. Setz dich in einen bequemen Meditationssitz und lausche entspannender Musik, beispielsweise sanften Wasserklängen. Währenddessen kannst du auch einen Rosenquarz in der Hand halten. Sprich viermal still das folgende Mantra. Die Zahl 4 steht für das Zeichen Krebs:

*Ich bin offen für die Wellen und Phasen meiner Gefühle.*
*Gefühle und Empfindungen fließen wie klares Wasser aus der reinen Quelle meines Herzens. Gefühle müssen fließen, weil ihr Element das Wasser ist.*
*Ich ehre die Wahrheit meines Herzens. Ich bin offen für gesunde und liebevolle Verbindungen mit den Menschen um mich herum.*
*Ich bin offen, meiner Intuition zu lauschen, damit sie mich an Orte des Wohlgefühls führt.*
*Ich nehme meine eigenen Bedürfnisse an, denn sie sind wichtig.*
*Ich höre mir zu und gebe mir ein inneres Zuhause.*
*Ich bin selbst die Mutter für mich, die ich und mein inneres Kind brauchen.*
*Ich sorge für mich und mein Wohlbefinden.*
*Ich empfinde Liebe für mich.*

Lässt du deine Gefühle wirklich fließen?
Wo fühlst du dich zu Hause?

## Welche Träume und Visionen möchtest du in deinem Leben manifestieren?

In welchen Bereichen deines Lebens übernimmst du noch zu wenig Verantwortung? Welchen Einfluss hat dabei deine Familie?

## Wie kannst du dein Leben besser strukturieren, damit du dich wohlfühlst?

# Vollmond im Löwen

## Herzensmut & Lebenskraft

**Element:** *Feuer*
**Herrscherplanet:** *Sonne*

16.02.22 ★ 05.02.23
24.02.24 ★ 12.02.25

Im Zeichen des Löwen, dem König der Tiere, dessen Herrscher die Sonne ist, geht es um Glanz und Gloria, Aufmerksamkeit und auch um eine gewisse Form von Macht.

Im Positiven kann die feurige Löwe-Energie eine gesunde Selbstermächtigung im eigenen Leben bewirken. Das gelingt besonders gut, wenn wir eine Bestandsaufnahme machen, wo und in welcher Rolle wir momentan auf der Bühne unseres Lebens stehen.

Die Löwe-Vollmondenergie erhellt die Ecken in uns, in denen weder Licht noch Glanz leuchten. Vielleicht verhindern ein verletztes Selbstbewusstsein und Unsicherheiten einen kraftvollen Auftritt auf der Bühne des Lebens.

Diese Energie lädt uns ein herauszufinden, wo unsere Lebenskraft blockiert ist. Also verändere mit wahrem Herzensmut deine Lebensumstände, damit du dein Leben freudvoll und selbstbestimmt gestalten kannst. Finde auf spielerische, kreative Weise heraus, welche deiner Talente im Moment noch unter einer Decke aus Angst und Unsicherheit schlummern. Die Löwe-Energie bedeutet Kraft und ist das Feuer, mit dessen Hilfe du Ideen und Inspirationen schmiedest.

Ermächtige dich darin, dich selbst wertzuschätzen und zu ehren. Mach dich unabhängiger von einem Publikum im Außen. Das kann ein durchaus schmerzvoller Prozess sein, der mit schonungsloser, realistischer Beurteilung der eigenen Schatten, Eitelkeiten und Schwächen einhergeht.

Wir alle wollen gemocht und geliebt werden und manchmal auch ein wenig Applaus für unsere Persönlichkeit und Leistung bekommen, oder? Arbeite an deinem Selbstbewusstsein, nimm endlich deine Bühne ein!

# Finde eine Bühne für dich

Denk nach: Worin liegt deine ganz persönliche und besondere Fähigkeit – dein Licht, das du der Welt aus Angst und Scham noch vorenthältst?

Hattest du in der Kindheit ein bestimmtes Talent, das schon viel zu lange in Vergessenheit geraten ist?

Auch wenn du andere mit deinem Licht und der Schönheit deines Herzens blenden magst – zeig dich jetzt ganz wahrhaftig und nimm dir zum heutigen Vollmond vor, deine eigene Bühne einzunehmen! Fülle sie mit deinem strahlenden Lachen, deinem Talent und deiner Kreativität.

Diese Bühne mag ein selbstbewusster Post auf einem Social-Media-Kanal sein, eine echte Bühne, eine Bewerbung für einen neuen Job oder eine mutige Nachricht an deinen Schwarm.

Es ist wichtig, authentisch aufzutreten und den Platz im Licht, der dir zusteht, mit all deinem Herzensmut und deiner ganzen Lebensfreude einzunehmen!

Geh in die Aktion, präsentiere dich und dein Licht heute ganz bewusst der Welt auf die Weise, die dir am meisten entspricht.

Es ist völlig egal, welche Reaktionen du damit hervorrufst. Du tust das nur für dich. Und der Vollmond im Löwen schenkt dir allen Mut dazu. Du wirst sehen, wie gut sich das anfühlt, und vielleicht kommst du jetzt öfter aus deinem Versteck heraus und trittst ins Bühnenlicht der Sonne.

»WENDE DEIN GESICHT DER SONNE ZU,
DANN FALLEN DIE SCHATTEN HINTER DICH.«

Weisheit aus Uganda

# Welche Erfahrungen haben dein Selbstbewusstsein geschwächt?

# Welche Erfahrungen haben dein Selbstbewusstsein gestärkt?

## Wovor hast du am meisten Angst, wenn du dich vor anderen ganz und gar zeigen sollst?

## Was bedeutet das Wort »Mut« für dich? Wann hast du bereits echten Mut bewiesen?

# Vollmond in der Jungfrau

## Heilung & Vergebung

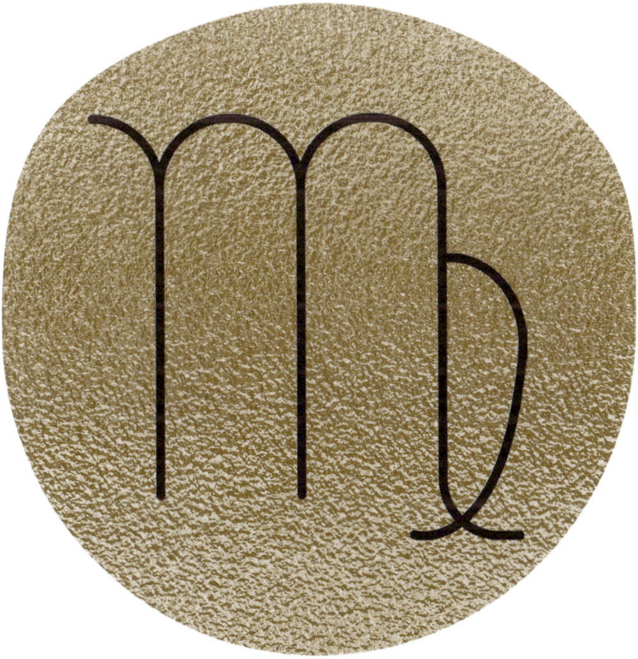

**Element:** Erde
**Herrscherplanet:** Merkur

18.03.22 ★ 07.03.23
14.03.25 ★ 03.03.26

Der Vollmond in der Jungfrau beleuchtet alle Aspekte unserer eigenen inneren Wahrheit. Er rückt alles ins Licht unseres Bewusstseins, was unausgewogen oder in Unordnung ist.

Das Zeichen Jungfrau wird genau wie das Zeichen Zwillinge vom Denk- und Kommunikationsplaneten Merkur beherrscht. Es könnte sein, dass ein Denkprozess während des Vollmondes in der erdverbundenen Jungfrau zu neuen Regeln und Routinen führt. Vielleicht sind es neue Fähigkeiten und Ideen, die wir entwickeln müssen, um auch weiterhin fleißig der Gesellschaft, unserer Familie, unserem Umfeld und natürlich unserem eigenen Glück zu dienen.

Dieser Vollmond beleuchtet unsere unerledigten, nicht verheilten Themen. Erst durch die Bewusstwerdung unserer inneren Konflikte können wir gezielt Veränderungen vornehmen, vielleicht auch, um uns selbst und anderen zu vergeben.

Die Energie der Jungfrau steht für Yin und Yang, Weibliches und Männliches, Gegensatz und Ausgleich. Der Vollmond will einen heilsamen und natürlichen Einklang in uns schaffen. Unser Yin kann gestärkt werden, indem wir uns demütig dem hingeben, was geschieht. Unser Yang lässt sich stärken, indem wir aktiv Ordnung und Fleiß praktizieren.

Heilsam sind eine innere Ordnung und ein Ausgleich der Energie in Bezug auf Gesundheit, Ernährung, unsere tägliche Routine, Sport, Entspannung und Erholung in der Natur.

# Magie der Heilung und Vergebung

Nutze bereits die Tage vor dem Vollmond, um in eine innere und gesunde Balance zu finden, oder auch, um gründlich zu analysieren, was in dir vielleicht in Unordnung geraten ist.

Du kannst vor dem Vollmond oder währenddessen deine Räume mit Salbei räuchern, um die Energie zu klären.

Zentriere dich, setz dich auf den Boden und spüre den Grund unter dir. Versuche, in einen Zustand der Ruhe und Erdung zu gelangen. Stell dir nun vor, wie die Jungfrau-Energie sich in Geist, Körper und Seele ausbreitet.

Sie ist glasklar und räumt in deinem Inneren auf.

Stell dir vor, wie das Mondlicht in deinen Körper einströmt, dich reinigt, ordnet, sortiert. Dieses Licht heilt alles, was geheilt werden muss.

Schreib alles auf, was in dir Heilung benötigt.

Notiere die Namen all der Menschen, denen du noch vergeben musst. Verbrenne beide Blätter an einer Kerze und lass den Schmerz, den deine innere Unordnung verursacht und diese Menschen gebracht haben, vollends los.

Sprich folgenden Zauberspruch für Vergebung und Heilung:

»Ich heile mich selbst. Ich bin geheilt. Ich vergebe den Menschen, die mir bewusst oder unbewusst Schmerz zugefügt haben. Ich vergebe mir selbst. Ich bin ganz und ich bin heil. Und so soll es sein!«

Geh dann hinaus in die Natur und vergrabe die Asche der Blätter in der Erde.

# In welchen Bereichen deines Lebens hast du bereits Heilung erfahren?

*Was in deiner Seele und in deinem Körper muss noch weiter heilen? Welche Gewohnheiten und Tätigkeiten empfindest du als heilsam?*

## Was in deinem Leben muss noch in Ordnung gebracht werden?

## In welchem Bereich nimmst du ein Ungleichgewicht wahr?

# Vollmond in der Waage

## Liebe & Zauber

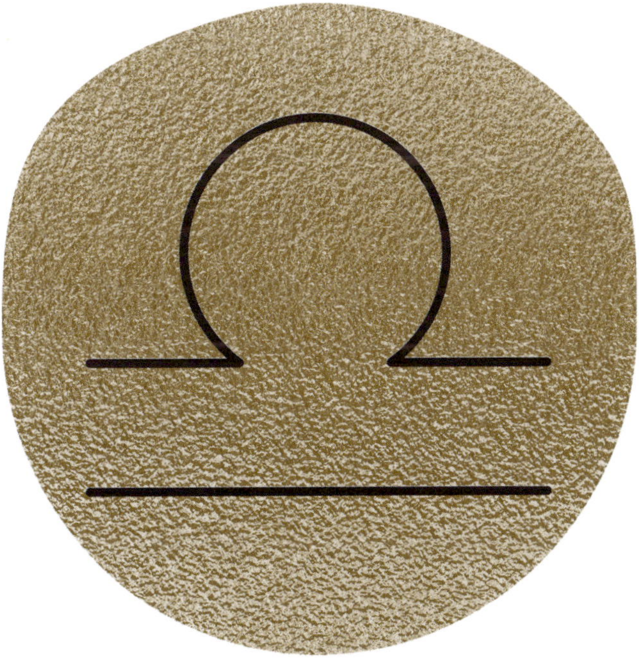

**Element:** *Luft*
**Herrscherplanet:** *Venus*

16.04.22 ★ 06.04.23 ★ 25.03.24
13.04.25 ★ 02.04.26

Ein Vollmond im Zeichen Waage findet auf der Waage-Widder-Achse statt, also zwischen dem Ich und dem Du. Dieser Vollmond wirft sein Licht auf unsere Beziehungen. Alles, was außerhalb von uns ist, wird in der Astrologie dem Prinzip Waage zugeordnet.

Dazu gehört vor allem unser Umgang mit anderen. Als Geschenk für einen bewussten Umgang mit den luftigen Schwingungen der Waage bereichert ein harmonisches Gefühl der Selbstakzeptanz und Heilung unsere engsten Beziehungen.

Die Waage strebt stets nach Ausgleich und Harmonie, daher wird uns jetzt bewusst, was nicht im Lot ist.

Das bedeutet nicht, dass alles Friede, Freude, Eierkuchen sein muss, und wir alle Disharmonien in unseren Beziehungen diplomatisch weglächeln sollten. Vielmehr sollen wir in das Gefühl einer grundsätzlichen Akzeptanz gelangen, in der wir uns selbst trotz Konflikten liebenswert, einzigartig und attraktiv finden.

Dafür ist es wichtig, unseren eigenen Bedürfnissen und dem Wunsch nach Frieden endlich mehr Aufmerksamkeit zu schenken und auch unsere vermeintlichen Schwächen anzunehmen. Akzeptiere sie liebevoll als Teil deines authentischen Wesens. Denn niemand ist perfekt!

> »Liebe gibt nichts als sich selbst und nimmt auch nicht, außer von sich selbst. Liebe besitzt nicht, noch kann sie besessen werden; denn Liebe genügt nur der Liebe.«[4]
>
> Khalil Gibran

# Mondlicht-Liebeszauber

Kein Zauber scheint uns mehr zu faszinieren als der Liebeszauber. Jeder Mensch wünscht sich Liebe als magische Brücke zwischen dem Ich und dem Du.

Ein angewandter Liebeszauber nutzt die magische Kraft unseres Unterbewusstseins. Der Vollmond in der Waage verstärkt die Wirkung von Liebesmagie durch die Strahlkraft des Mondlichts.

Du wirst überrascht sein: In der Liebesmagie entfalten schon einfache Gesten, Worte oder Handlungen eine magische Wirkung. Wenn man auf ihre Wirkung vertraut, kann wahrlich ein Zauber geschehen.

Auch wenn du Magie grundsätzlich kritisch siehst, eins steht fest: Echte, ehrliche Liebe, Wertschätzung und Fürsorge verändern nicht nur die Energie deines Energiefelds, sondern auch das deines Umfelds.

Du benötigst ein Foto deines (gewünschten) Partners, eine grüne oder rosafarbene Kerze, Rosenöl, Rosenblätter, einen kleinen roten oder rosafarbenen Beutel oder eine Socke.

Stell das Foto vor die Kerze auf einen Tisch. Blicke hinauf zum Mond und stell dir dabei vor, wie dessen Energie bis zu dir strahlt. Denk mindestens eine Minute lang an die geliebte Person und an das, was du dir wünschst. Atme dabei tief ein und aus. Leg Rosenblätter neben das Foto und öle die Kerze mit Rosenöl ein. Zünde die Kerze an und widme sie der Göttin Venus. Fixiere die Kerzenflamme und zieh gedanklich vor dem inneren Auge das Foto darüber. Wiederhole dies sieben Mal.

Leg dann die Rosenblätter in den Beutel oder in die Socke und stecke ihn/sie für sieben Nächte in deinen Kissenbezug. Vielleicht erfüllt sich dein Liebeswunsch bis dahin!

Welche Menschen in deinem Leben zeigen dir, wie authentische, harmonische Beziehungen glücken können? Was ist an diesen Partnerschaften so einzigartig?

*In welchen Momenten versuchst du zwanghaft,
Frieden und Harmonie zu wahren,
selbst wenn du dabei dein
authentisches Selbst hinten anstellen musst?*

## Was an dir ist schön, einzigartig und liebenswert?

## *Was muss sich bei dir ändern, damit du dich so akzeptieren und lieben kannst, wie du bist?*

# Vollmond im Skorpion

## Licht & Schatten

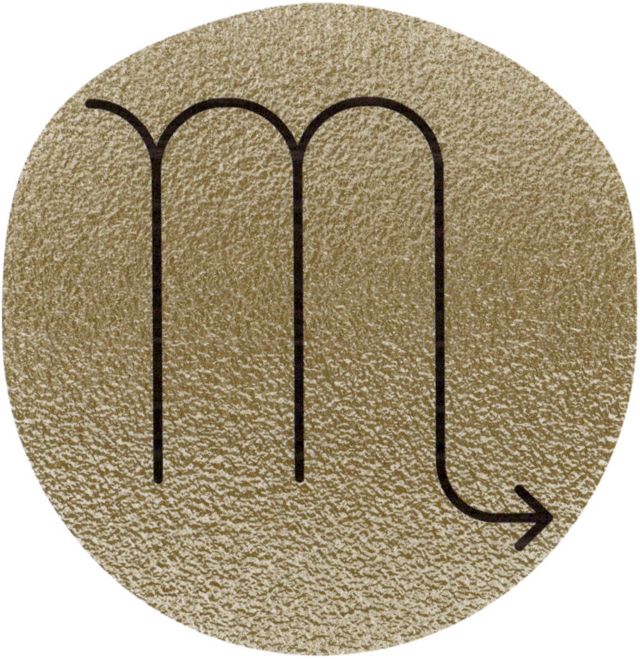

**Element:** *Wasser*
**Herrscherplanet:** *Pluto*

16.05.22 ★ 05.06.23 ★ 24.04.24
23.05.24 ★ 12.05.25 ★ 01.05.26

Der Vollmond im Skorpion besitzt eine spürbare Intensität und Macht, alle vergangenen Aspekte unseres Lebens ans Licht zu bringen und sie zu sortieren, damit wir uns erneuern können. Die kraftvolle Mondenergie bringt intensive Gefühle mit sich, und so können alte Traumen und viel Verdrängtes an die Oberfläche gelangen.

Es kann sein, dass man durch diese Energie einiges oder sogar das ganze Leben infrage stellt. Diese kleinen und großen emotionalen »Überschwemmungen« können überwältigend sein. Doch sie sind Teil unserer Entwicklung und unserer Lebenszyklen, und wir müssen sie annehmen.

Die Schwingung des Vollmondes erinnert uns intensiv daran, dass unsere größte Kraft für Veränderung unter der schützenden Fassade, die uns vor Schmerz bewahren soll, liegt. Um uns verwandeln zu können, müssen wir erst diesen Schutz abstreifen wie eine zu eng gewordene Haut.

Bevor wir also ein neues, besseres Leben beginnen können, müssen wir erst das Alte verabschieden. Wir müssen uns all unserer Schattenthemen bewusst werden und sie beleuchten und betrachten. Damit das gelingt, ist ein tieferes Verständnis für uns selbst und für unsere verdrängten Themen notwendig.

Die Tage um diesen Vollmond herum bieten Gelegenheit für eine tiefgreifende Transformation, auch innerhalb unserer Beziehungen.

Der Skorpion, der die Vergänglichkeit allen Seins symbolisiert, ist der Ausgangspunkt von Geheimnis, Magie, Intensität und Spiritualität. Die Energie des Vollmondes im Skorpion setzt einen spürbaren Stachel in die Bereiche, in denen wahre Tiefe und Arbeit mit den eigenen Schatten verlangt wird.

## Licht-und-Schatten-Orakel

Du kannst mit jedem beliebigen Orakel-Kartendeck arbeiten. Stell alle Fragen, die dir in den Sinn kommen. Magie und spirituelle Praxis werden während des Skorpion-Vollmondes begünstigt. Folgenden Fragen sind gerade in dieser Schwingung besonders kraftvoll und könnten für dich eine klärende Wirkung haben:

**Frage und Karte 1:**
Welche Energie hilft mir, mich mit meinem tiefsten Dunklen bewusst auseinanderzusetzen?

**Frage und Karte 2:**
Was hilft mir, meine Existenzängste, verdrängte Themen, die jetzt auftauchen, und meine innere Dunkelheit in Licht zu transformieren?

**Frage und Karte 3:**
Wie kann ich Schmerzen und Traumen umwandeln, um mich endlich freier und leichter zu fühlen?

Räuchere zuerst den Platz, an dem du die Karten auslegst, oder verteile vier Bergkristalle rundherum. Es reicht auch, wenn du ein Fenster öffnest und kurz lüftest. Zentriere dich und breite die gemischten Karten mit der Bildseite nach unten vor dir aus. Nimm deinen linken Mittelfinger, um die Karten auszuwählen, und bewege deine Hand langsam über die Karten. Über der richtigen Karte spürst du vielleicht einen leichten magnetischen Zug oder ein Kribbeln in den Fingerspitzen.

Lass die Karten umgedreht liegen, bis du alle drei gezogen hast.

»DAS LICHT, DAS FÜR SICH SELBST LEUCHTET, IST FINSTERNIS.«

Weisheit aus China

## Was ist das Dunkle in mir, das noch transformiert werden muss?

## Was habe ich bereits innerlich transformiert und in Licht verwandelt?

## Welche alte Haut will ich für mein neues Ich abstreifen?

## Wie kann ich mehr Magie
## und spirituelle Praxis in mein Leben bringen?

# Vollmond im Schützen

## Abenteuer & Sinn

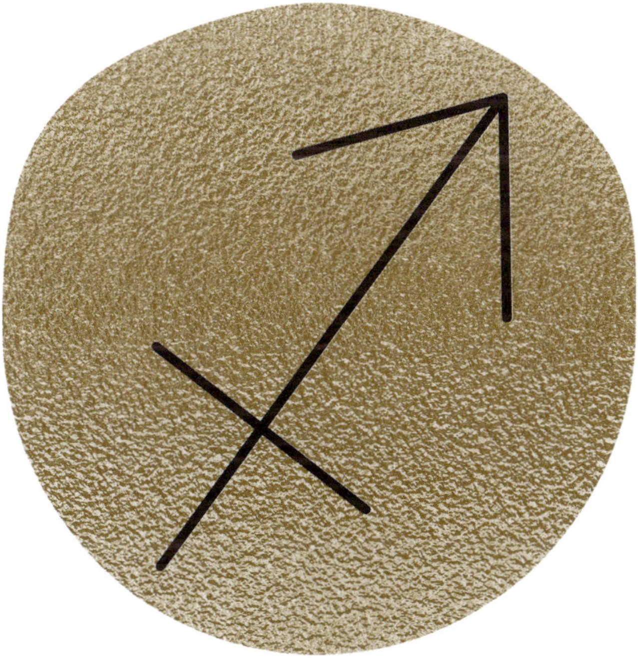

**Element:** Feuer
**Herrscherplanet:** Jupiter

14.06.22 ★ 04.06.23 ★ 22.06.24
11.06.25 ★ 31.05.26

Während dieses Vollmondes schwingt die kollektive Energie sehr hoch, verleiht uns Optimismus und gibt unserer Inspiration und Kreativität Schwung. Jetzt ist eine gute Zeit, um unsere Schüchternheit zu überwinden, soziale Grenzen zu erweitern, Reisen in ferne Länder zu planen, neue Sprachen zu lernen oder eine Weiterbildung zu beginnen. Alles, was unseren Horizont erweitert und unsere Neugier stillt, ist wohltuend und beruhigt eventuelle Spannungen und hitzige Emotionen.

Das gegenüberliegende Achsenzeichen des Schütze-Vollmondes sind die Zwillinge. Zwischen den beiden Zeichen geht es um den Unterschied zwischen Glauben (Schütze) und Wissen (Zwillinge). Glauben kann uns Halt im Leben geben und unsere Lebensqualität steigern. Ein tiefer Glaube an die Fügungen des Kosmos kann das Leben mit mehr Sinn erfüllen, während das Zeichen Zwillinge lieber Fakten und Beweise sammelt.

Der Glaube des Schützen erstreckt sich auf Religion oder Spiritualität, auf Glaubenssätze bis hin zu seiner ganz persönlichen Meinung. Mit dem Feuer der Begeisterung des Schützen dürfen während dieses Vollmondes dein Glaube und deine Meinung mit der Kommunikationskraft der Zwillinge weitergetragen werden. Sprich also mit anderen über deine Überzeugungen.

Du glaubst an die Magie des Mondes? Schön, dann teile deinen Glauben mit anderen, ohne dabei allzu dogmatisch zu sein. In diesem Buch findest du bestimmt eine Menge Themen, die du gern mit anderen diskutieren willst.

# Runenmagie

In der Energie des Vollmondes im Schützen geht es um spirituelle Offenheit, die unseren Geist erweitert. Dazu passt die keltische Runenmagie. Hast du schon mal mit Runen gearbeitet?

Zünde eine farbige Kerze in der Nacht der Vollmondfinsternis an. Versuche, mit dem flüssigen Kerzenwachs die Rune Tiwaz, deren Pfeilsymbolik und Energie wunderbar mit dem Zeichen Schütze korrespondieren, sanft auf ein Blatt Papier zu malen. Pass bitte auf, dass du dich nicht verbrennst und das Wachs nicht vergießt! Im Zeichen Schütze geht es um Konzentration und Fokussierung. Gieße daher zielgerichtet. Schreib auf, welche Gedanken dir in den Sinn kommen.

»WENN DU SIEHST, DASS DEIN ZIEL NOCH FERN IST, DANN FANGE AN, DICH AUF DEN WEG ZU MACHEN!«

Lebensweisheit aus China

Es können Tage und Wochen vergehen, bis du plötzlich merkst, dass die Energie der Rune und des Zeichens Schütze dich auf deinem Weg zur besten Version deiner selbst weitergetragen hat.

Die Rune Tiwaz ist dem keltischen Kriegsgott Tyr zugeordnet. Dieser steht für Weltordnung, Gerechtigkeit und Gesetz. Ähnlich wie das Zeichen Schütze repräsentiert die Rune Zielgerichtetheit und feurige Visionskraft.

## Welche Abenteuer willst du in dein Leben einladen?

## Welche Länder, Kulturen und Sprachen faszinieren dich und würdest du gern erkunden?

Stehst du in einem inneren Konflikt
zwischen Glauben und Wissen?
Bei welchem Thema ist das so?

Bist du spirituell offen und experimentierfreudig? Welche spirituellen Gebiete würdest du gern entdecken und erkunden?

## Für welche visionären Ziele brennst du innerlich?

Was hindert dich aktuell daran,
ein wenig mutiger zu sein und
etwas Neues zu lernen?

# Neumond – Magie der Reinigung und Neuanfang

# Neumond

Während der abnehmenden Phase zieht sich der Mond zurück und geht in die Lichtauflösung, um dann zu verschwinden wie im Hut eines Magiers. Daher spricht man dem Neumond auch eine magische und schamanische Wirkung zu.

Der Mond ist zu diesem Zeitpunkt nur scheinbar dunkel, da er zwischen Erde und Sonne steht. Dann blicken wir auf seine dunkle Nachtseite. Deshalb wird er auch »Dunkelmond« genannt.

Der Neumond bildet astrologisch eine Konjunktion zur Sonne. Wenn Sonne und Mond im selben Zeichen stehen, darfst du die Energie aussenden, die du im neuen Zyklus anziehen möchtest. Denn Gleiches zieht Gleiches an!

Die Schwingung des Neumondes fühlt sich neu an, hängt aber noch mit den Themen des vergangenen Vollmondes zusammen. Sobald der Abschluss des alten Zyklus im Vollmond gelungen ist und du mehrere Lektionen deiner inneren Schattenarbeit abgeschlossen hast, wirst du dich frisch und wie befreit fühlen.

Und wenn man bei Vollmond von seinen Gefühlen übermannt wurde und nur schwer die Themen des letzten Zyklus vollenden konnte? Nach der reinigenden Gefühlsentladung des Vollmondes schenkt uns der Neumond einen Neuanfang. Wie ein unbeschriebenes Blatt liegt die Neumondphase vor uns, die uns viel Raum gibt für die Reflexion unserer Ziele. Jetzt können wir die wichtigsten Ideen für unser Lebensglück sammeln, aufschreiben und die nächsten Schritte planen.

Die Neumond-Schwingung ist jeden Monat eine energetische und spirituelle Wiedergeburt, eine neue Chance.

# Neumond im Krebs

## Träume & Empfangen

**Element:** *Wasser*
**Herrscherplanet:** *Mond*

10.07.21 ★ 29.06.22 ★ 17.07.23
05.07.24 ★ 24.07.25 ★ 14.07.26

Die Energie des Neumondes im Krebs macht uns empfänglicher für göttliche Führung und will uns in ein geborgenes Wohlgefühl eintauchen lassen.

Viele im Tierkreiszeichen Krebs geborene Menschen sind sehr mondfühlig. Die Energie des Zeichens Krebs öffnet in uns das Tor zu einer tiefen und spirituellen Verbindung mit dem Mond.

Der Krebs, der sich in seine Schale zurückzieht, lehrt uns die Kunst, nach innen zu blicken, statt immer im Außen zu sein und zu funktionieren. Wir dürfen mehr mit den Phasen des Lebens mitfließen und uns dadurch persönlich weiterentwickeln. Wir wachsen im natürlichen Rhythmus der Natur und ihrer Jahreszeiten. So wie ein Kind seiner Mutter vertraut, dürfen wir uns bei Neumond der Magie und Führung des Mondes als einer fürsorglichen Energie anvertrauen.

Das Wasserzeichen Krebs ist eng mit dem Mond verbunden, der ja auch der Herrscher dieses Zeichens ist. Diese Verbindung steht für das Unbewusste, für Gefühle, Gespür und Intuition. Im Traum empfangen wir Botschaften der geistigen Welt. Diese können geheimnisvoll und rätselhaft, aber auch poetisch und von tiefer Bedeutung sein.

Wenn wir tief in die Krebsenergie eintauchen, müssen wir nichts erzwingen, da die Dinge im Fluss des Lebens, der Phasen und Zyklen ganz einfach so geschehen, wie sie eben geschehen.

# Das Leben deiner Träume

Vielleicht möchtest du mehr Wohlgefühl, innere Sicherheit, Liebe, Freude, Dankbarkeit, Fülle oder Frieden in deinem Leben spüren. Nimm aus deinen Wünschen für das Leben deiner Träume ein einzelnes Gefühl heraus.

Lass aus diesem Gefühl heraus eine kleine Szene vor deinem inneren Auge entstehen, die dir zeigt, auf welche Weise und in welchen Bereichen du dich künftig besser fühlen möchtest. Das kann zum Beispiel das Bild einer neuen Wohnung sein.

Visualisiere deine gewünschte Lebenssituation immer wieder und spüre in sie hinein. Schau dir die Details an: Wie sieht zum Beispiel die Haustür deiner neuen Wohnung aus? Versetze dich im kommenden Mondzyklus mehrmals täglich in dein neues Lebensgefühl.

Alles, was du ändern möchtest, ist schon in deinem Unterbewusstsein und damit am richtigen Ort der magischen Entfaltung vorhanden! Mach dir nicht allzu viel Gedanken darüber, wie du dorthin gelangst oder welche Aufgaben zur Erreichung deiner Ziele erforderlich sein mögen. Konzentriere dich auf das Gefühl, das Leben deiner Träume bereits zu führen.

dreamy

## Was benötigt dein inneres Kind, um sich aufgehoben, beschützt und geborgen zu fühlen?

Welche Schwingung möchtest du in dir selbst erfahren und welche Energie möchtest du an deine Umwelt aussenden?

## Wie stehst du zu deinen Träumen?
## Erinnerst du dich an sie?

## Ist schon einmal etwas eingetroffen, das du geträumt hattest?

# Neumond im Löwen

## Selbstliebe & Sonnentanz

**Element:** *Feuer*
**Herrscherplanet:** *Sonne*

08.08.21 ★ 28.07.22 ★ 16.08.23
04.08.24 ★ 23.08.25 ★ 12.08.26

Das Zeichen Löwe regiert den Herzbereich, unsere innere Sonne und unsere Strahlkraft. Ein Neumond im Zeichen Löwe kann daher unser Herz auf eine ganz neue und wundersame Weise für gelebte Lebensfreude öffnen. Die Schwingung des Löwen hat magischen Einfluss auf unser Herzchakra, unseren wahren Kern, in dem kreative Schöpferkraft entsteht. Das Herzchakra ist der Sitz unseres spirituellen Bewusstseins, unsere innere Sonne, das Zentrum des Energiefeldes, das uns durchs Leben tanzen lässt.

Unser Herz wahrhaftig zu spüren, ihm zu vertrauen und seinen Impulsen zu folgen, ist das Geschenk des Löwe-Neumondes. Wir dürfen sinnlicher, mutiger und verspielter als sonst sein und uns intensiv lebendig fühlen.

Zu den wichtigsten Themen des Zeichens Löwe gehört, Selbstliebe zu kultivieren. Denn ein ureigenes, starkes und sicheres Selbstwertgefühl ist viel wertvoller als Bestätigung von außen. Erst wenn wir das verinnerlichen, können wir unsere Gaben und Talente großzügig mit anderen teilen. Dann können wir uns endlich darauf konzentrieren, das Leben zu genießen, zu lieben und geliebt zu werden, statt in einem ständigen Kampf mit uns selbst und anderen gefangen zu sein, weil wir uns selbst nicht wertschätzen. Wenn du energetisch zu sehr vom Applaus anderer abhängig bist, geh in das Bild des Löwen, der als erhabener Herrscher der Tierwelt über allen Dingen steht.

Du selbst bist die Quelle der Liebe, aus der du unendlich schöpfen und Liebe und Lebenslust versprühen darfst.

Halte deine Liebe und Lebensfreude nicht mehr zurück, sondern zeige sie, und du wirst doppelt und dreifach beschenkt.

# Neumondparty und Sonnentanz

Tanzen ist nicht nur befreiend, sondern ein tiefer Ausdruck purer Lebensfreude. Beim Tanzen dürfen wir unsere verlorenen Seelenanteile wieder in unseren Körper einladen und ganz werden. Erstelle für deine persönliche Neumondparty eine Wiedergabeliste mit fröhlicher Musik, zu der du dich bewegen möchtest. Räuchere vorher, wenn du willst. Vielleicht lädst du auch Freunde dazu ein, an deiner Party teilzunehmen. Denn die Löwe-Energie liebt Geselligkeit! Deine Neumondparty darf ruhig tagsüber stattfinden, damit du die Strahlen der Sonne empfangen kannst.

Der Sonnentanz ist eine wichtige Zeremonie in der indigenen Tradition. Er ist ein zentrales Ritual der geistigen Erneuerung und Zusammenkunft eines Stammes.

Nimm dir vorher noch einen kurzen Moment Zeit, um tief in deinen Körper zu atmen. Lass durch das Kronenchakra die goldene Heilenergie der Sonne in dich strömen. Spüre die Wärme der Sonne, die sich im Herzchakra beziehungsweise in der Herzgegend ausbreitet.

Erlaube dir, so wild, frei, lustig, elegant, sexy und ungestüm zu tanzen, wie du willst.

Mach gern Geräusche, die für dich wichtig sind, um komplett loszulassen. Tanze so lange und ausgelassen, wie du willst.

»TANZEN IST TRÄUMEN MIT DEN BEINEN.«

Weisheit aus Finnland

## Wie kannst du mehr Spiel und Freude in dein Leben einladen?

## Empfindest du genug Selbstliebe für dich und lobst dich regelmäßig?

An welche deiner Stärken und Talente glaubst du? Was kannst du tun, um sie noch mutiger in die Tat umzusetzen?

Wann bist du verspielt, kindisch und sinnlich? Welche Aktivitäten verstärken deine Lebensfreude?

# Neumond in der Jungfrau

## Ordnung & Klärung

**Element:** Erde
**Herrscherplanet:** Merkur

07.09.21 ★ 27.08.22 ★ 15.09.23
03.09.24 ★ 21.09.25 ★ 11.09.26

Der Archetyp der Jungfrau besitzt eine wache Klugheit, entsprechend ihrem Herrscherplaneten Merkur, der außerdem das Zeichen Zwillinge regiert. Das Zeichen Jungfrau steht dafür, dass sich in uns etwas organisiert, dass Struktur ins eigene Leben kommt. Das ist die perfekte Zeit für einen Blick auf die Checkliste unserer Lebensziele und Visionen. Jede Veränderung und Neusortierung, sei sie auch noch so klein, kann eine starke Kraft für Wachstum und Transformation sein.

Jetzt geht es darum, unsere Wünsche planvoll zu organisieren und unsere Ziele in To-do-Listen zu strukturieren. Auf diese Weise liegt die Kontrolle in unseren Händen, und wir werden nicht vom Chaos regiert. Das lässt Raum in uns entstehen für Kraft, Reinheit, spirituelles Dienen und Heilen.

Die subtile und magische Kraft des Weiblichen in diesem Neumond verleiht uns ordnende Weisheit, damit wir nicht nur unseren eigenen Kosmos klären, sondern auch im Kollektiv eine göttliche Ordnung herstellen.

Es liegt eine besondere Art von Magie in der Form, sich selbst in Listen zu organisieren. Auf diese Weise klären und ordnen wir unseren Geist.

## Energie-Entrümpelung

Neumond im Zeichen Jungfrau ist der perfekte Zeitpunkt, um deine Wohnung zu entrümpeln. Wenn wir Materie, also das Element Erde, bewegen, verändert sich die Raumenergie. Nach der Lehre des Feng-Shui sollten wir mindestens einmal im Jahr ausmisten. Trenne dich von allen Gegenständen, die dich belasten oder die negative Energie in sich tragen.

Sortiere aus, was du wegwerfen, verschenken oder auf dem Flohmarkt und über andere Kanäle verkaufen oder dem Recycling zuführen möchtest. Sieh dir jeden einzelnen Gegenstand an und frag dich: Erhöht er meine Energie? Ist er wirklich unersetzlich und brauche ich ihn? Wenn du diese Fragen nicht mit Ja beantworten kannst, muss er weg!

Reinige deinen Kühlschrank und trenne dich von Lebensmitteln, deren Verfallsdatum abgelaufen ist. Mach gründlich sauber, auch unter den Möbeln.

Wirf defekte oder zerbrochene Objekte, wie alte Blumentöpfe, weg, das gilt auch für abgestorbene Pflanzen. Reinige deine Räume energetisch, zum Beispiel durch Räuchern mit Salbei oder mithilfe von Salz. Stell dafür kleine Schüsseln mit Meersalz in die Ecken der Räume und unter dein Bett. Lass sie 24 Stunden lang stehen und entsorge das Salz danach.

»DIE BASIS JEDER GESUNDEN ORDNUNG IST EIN GROSSER PAPIERKORB.«[5]

Kurt Tucholsky

## In welchen Bereichen könnte es dir helfen, mit Listen zu arbeiten?

Was muss in deinem Zuhause dringend aufgeräumt oder entrümpelt werden? Wo staut sich die meiste Energie?

## *Wofür willst du den entrümpelten Raum und die geklärte Energie nutzen?*

## Hast du die Kontrolle über deine Dinge und Aufgaben oder beherrscht dich das Chaos?

# Neumond in der Waage

## Schönheit & Harmonie

**Element:** *Luft*
**Herrscherplanet:** *Venus*

06.10.21 ★ 25.09.22 ★ 14.10.23
02.10.24 ★ 21.10.25 ★ 10.10.26

Der Waage-Neumond kann eine günstige Gelegenheit für uns sein, ein Gleichgewicht zwischen Körper, Geist und Seele zu schaffen. Auch birgt seine Magie das Geschenk, dass wir uns unserer Schönheit und Liebenswürdigkeit bewusster werden und dadurch mehr Harmonie in unsere Partnerschaften bringen können.

Die Waage definiert unsere Beziehungen, denn ihre Energie konzentriert sich meist auf das Du. Doch die wichtigste Beziehung ist die zu uns selbst, denn diese bestimmt maßgeblich die Qualität all unserer Verbindungen.

Die Waage wird wie der Stier vom Planeten Venus regiert. Deswegen solltest du dich in den Tagen um Neumond herum mit lauter schönen Dingen umgeben. Mach es dir schön in deinem Zuhause, so kommen auch deine Gefühle in Balance.

Die Waage wird mit dem Element Luft assoziiert, achte daher auf deinen Atem. Atme bewusst und tief, denn der Atem ist das Werkzeug, mit dem du ganz schnell dein Nervenkostüm, deinen Geist und Körper beruhigen kannst. Immer wenn du dich unausgeglichen fühlst, schließe für einige Momente die Augen und konzentriere dich auf deinen Atem, um wieder in inneren Einklang zu kommen.

Ein harmonisches Lebensgefühl entsteht durch Werte und Güte.

Akzeptiere die Meinungen anderer und nimm sie liebevoll an.

Ein ausgewogenes Miteinander erfordert waagetypisch die Wahl ehrlicher und freundlicher Worte.

Dieser Mond stärkt die Wertschätzung unserer wahren Schönheit. Er erinnert uns an unsere ureigene Liebesfähigkeit in Harmonie und Authentizität.

## Neumond-Schönheitsritual

Nimm dir für den Waage-Neumond ein ausgedehntes Beautyprogramm vor, vielleicht mit Maniküre/Pediküre und einer Gesichtsmaske. Ein Duftbad oder eine ausgiebige Dusche mit pflegendem Peeling, etwa mit Meersalz, ist eine angenehme Form, sich energetisch zu reinigen.

Diese Anwendungen machen uns nicht nur noch schöner – wir schenken uns auf einer tieferen Ebene echte Zuwendung und pflegen die Beziehung zu uns selbst. Trag nach der Dusche Rosenöl oder eine Rosenlotion auf die Haut auf.

Dabei kannst du folgendes Mantra laut oder im Stillen sprechen:

*Meine Schönheit scheint von innen nach außen.*
*Meine Schönheit ist echt, strahlend und einzigartig.*
*Ich sehe mich und meine Schönheit.*
*Ich bin ein unwiderstehlicher Magnet des Liebreizes.*
*Ich besitze einen schönen Körper, eine charmante Persönlichkeit und ein gutes Herz.*
*Ich spreche die Sprache der Liebe auch wohlwollend mit mir selbst.*
*All meine Worte wähle ich in guter Absicht.*
*Ich bin in Harmonie mit mir und allen Menschen.*
*Ich sorge für mich und mein Wohlgefühl.*

Schreib dir dieses Mantra gern auf und hänge es an deinen Badezimmerspiegel, um dich jeden Morgen und Abend bewusst auf deine innere und äußere Schönheit zu besinnen!

»SCHÖNHEIT LIEGT IM AUGE DES BETRACHTERS.«
Deutsche Lebensweisheit

## Wie kann ich lernen, mich selbst mehr zu akzeptieren und meine Schönheit zu erkennen?

Auf welche Weise spiegelt sich die Beziehung, die ich zu mir selbst habe, in Beziehungen zu anderen Menschen wider?

*Wie reagiere ich, wenn ich spüre, dass sich jemand unwohl fühlt oder nicht einverstanden mit meiner Meinung und Wahrheit ist?*

Wie fühlt sich das Gefühl von tiefem Frieden und Harmonie an, und wie könnte ich zu jedem Zeitpunkt auf diese Empfindung zurückgreifen?

## *Wo steckst du aufgrund von möglicher Harmoniesucht zurück?*

## Was an dir macht dich besonders und liebenswert? Zähle mindestens fünf Dinge auf!

# Neumond im Skorpion

## Transformation & Ahnenmagie

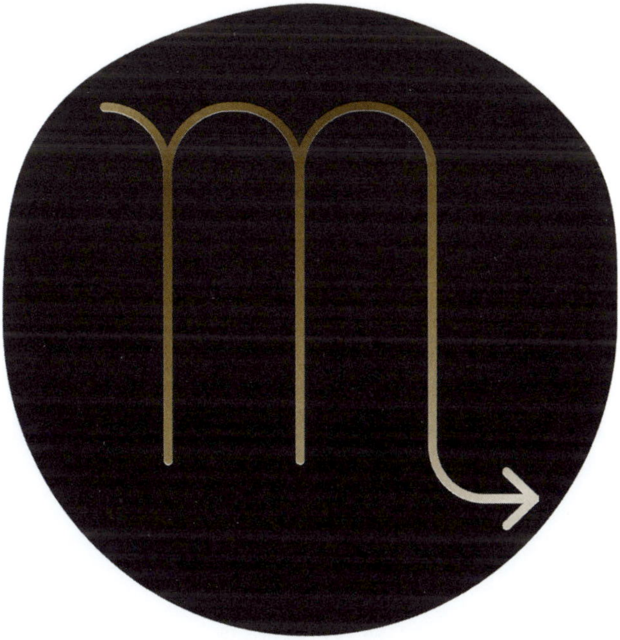

**Element:** Wasser

**Herrscherplanet:** Pluto

04.11.21 ★ 25.10.22 ★ 13.11.23

01.11.24 ★ 20.11.25 ★ 09.11.26

Das Zeichen Skorpion wird vom Element Wasser getragen. Intensiv weist uns diese Energie darauf hin, dass wir aus dem Urstoff Wasser stammen.

Der Neumond im Skorpion findet rund um das schamanische Ahnenfest Samhain am 31. Oktober statt. Dieser Schlusspunkt im großen Zyklus der Natur zeigt sich in den fallenden Blättern, unter denen die Erde sich auf einen neuen Kreislauf vorbereitet. Dazu passt das »Stirb und werde«-Prinzip des Zeichens Skorpion, die Metamorphose des Seins. Nichts ist ewig und alles ist im Wandel. Unser Körper und unser ganzes Sein sind diesem Gesetz der Natur unterworfen.

Kein anderes Zeichen außer dem Skorpion trägt die Kraft der Transformation in sich und ist so eng mit der Welt der Verstorbenen verbunden. Die Energie des Neumondes ist daher eine Zeit des Übergangs, von Schmerz, Abschied, Verlust, Tod und Wiedergeburt.

Wenn unsere Seele tatsächlich transzendent ist, sind wir auf energetischer Ebene unsterblich! Dieser tiefe Glaube gibt uns absolute Macht über unser Leben und alle Situationen, die uns begegnen. Die Energie des Skorpions repräsentiert auch die Verbindung zu unseren Ahnen, sowohl im persönlichen als auch im kollektiven Bewusstsein.

Der Mond wurde bereits von unseren Ahnen beobachtet, deren Namen wir nie erfahren werden. Sie spürten genau wie wir seine Energie. Bei Neumond im Skorpion dürfen wir diese magische Verbindung mit ihnen verstärken und zelebrieren.

> »Und so lang du das nicht hast, dieses Stirb und Werde,
> bist du nur ein trüber Gast auf der dunklen Erde.«[6]
>
> Johann Wolfgang von Goethe

# Ritual zur Ehrung der Ahnen

Der Neumond im Zeichen Skorpion ist getragen von transformierenden, magischen und geheimnisvollen Schwingungen. In der Verbindung zu unseren Ahnen dürfen wir tief verinnerlichen: Unser Leben ist immer im Wandel und sein energetischer Fluss zwischen Anfang und Ende verläuft nicht linear.

Gestalte zu Ehren deiner Ahnen einen Altar. Dies kann ein kleiner Tisch oder ein Platz im Regal sein, an dem du Bilder deiner Vorfahren, Steine, Kerzen, geerbte Gegenstände der Verstorbenen oder Dinge, die du mit ihnen verbindest, anordnest. Es soll ein magischer Kontaktort sein, der in beiden Welten existiert.

Vielleicht lässt du dich inspirieren von der farbenfrohen Tradition der südamerikanischen Ahnenverehrung »Día de los Muertos«. Der Tag der Toten findet am 2. November kurz nach dem keltischen Samhain und rund um den Skorpion-Neumond statt. Gestalte den Altar individuell und persönlich, um eine dauerhafte, herzzentrierte Beziehung zu deinen Ahnen aufzubauen. Sprich regelmäßig folgendes Mantra:

> *Ich erinnere mich an die Kraft und das Leid, das meine Ahnen erfahren haben.*
> *Was diese überwunden haben, das kann auch ich überwinden!*
> *Ich fühle den Energiefluss des Anfangs und des Endes.*
> *Wir sind Teil der Natur und ihrer Jahreszeiten, unsere Körper unterliegen den Naturgesetzen.*
> *Ich weiß, dass ich mir zu jedem Zeitpunkt selbst inneren Halt geben und für mich sorgen kann.*
> *Ich weiß, dass mein Herz rein und wahr ist.*

Was kannst du von den kollektiven Ahnen oder von deinen verstorbenen Verwandten lernen?

Was kannst du aus den Gefühlen lernen, die das Erinnern an deine Ahnen auslösen?

## Mit welchen Vorfahren spürst du die stärkste Verbindung und warum?

Wehrst du dich gegen das Prinzip von »Stirb und werde«? Das kann sich in Angst vor Tod und Veränderung ausdrücken.

# Neumond im Schützen

## Visionen & innere Weite

**Element:** *Feuer*

**Herrscherplanet:** *Jupiter*

04.12.21 ★ 23.11.22 ★ 13.12.23

01.12.24 ★ 30.12.24 ★ 20.12.25 ★ 09.12.26

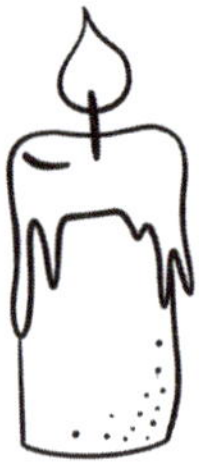

Die Schütze-Energie ist feurig, ungeduldig, sie will vorwärts, deshalb liegt beim Neumond im Schützen eine gewisse Spannung in der Luft. Diese spornt uns einerseits an, unsere Visionen und Träume umzusetzen, andererseits kann sie aber auch Unklarheiten, Chaos und Verunsicherung auf den Plan rufen, weil wir möglicherweise nicht zielorientiert ausgerichtet sind.

Diese Phase ist energetisch herausfordernd. Oft ist in der aufgeheizten, feuergeladenen Energie mehr Begeisterung für ein Ziel vorhanden als Klarheit und Fokussierung. Auch fehlt das feine Gespür für die seelische Komponente.

Deshalb ist es wichtig, sich immer wieder mit sich selbst zu verbinden, um in der Klarheit zu bleiben. So lassen sich unsere visionären Energien besser bündeln, damit unsere Wünsche und Visionen wie ein Pfeil ins Schwarze treffen. Diese Klarheit erlangen wir durch innere Ruhe und einen offenen Geist. Vertraue dir selbst und deiner Intuition, die aus dem Herzen kommt, und handle entsprechend. Das erweitert deine Sicht auf dein Leben.

Um uns insgesamt für den Erfolg unserer Ziele zu öffnen, müssen wir ehrlich, respektvoll und großzügig mit unseren inneren Themen, auf die unsere Träume ausgerichtet sind, umgehen. Der Neumond im Schützen schenkt durch eine offene und ruhige Haltung eine erweiterte Sicht auf uns selbst.

# Mantra für mehr innere Ruhe und Weite

Setz dich an einen ruhigen Platz und zünde ein duftendes Räucherstäbchen und Kerzen an. Du kannst das Mantra mit einem schönen Stift in der Farbe deiner Wahl abschreiben, um es besser zu verinnerlichen. Lies und wiederhole folgendes Mantra laut oder im Stillen:

*Ich verdiene es, mit mehr Ruhe und Weite zu leben.*
*Ich fühle mich besser, wenn ich in Momenten von Stress und Anspannung kurz innehalte.*
*Ich sage Nein zum Stress und Ja zum Entspannen.*
*Ich habe heute mehr als genug getan.*
*Ich habe mein Bestes gegeben.*
*Ich habe es gut gemacht. Ich muss nicht immer perfekt sein.*
*Meine Freiheit und Weite liegen in meiner Fähigkeit, auch mal Nein zu sagen. Innerer Frieden ist in spürbarer Reichweite.*
*Lächeln ist nicht schwer. Lächeln ist leicht.*
*Wenn ich lächle, öffnet sich mein Herz und weitet sich.*
*Ich weite mich. Mein Herz und mein Geist sind unendlich groß und weit.*
*Meine Liebe für mich selbst und mein Umfeld ist unendlich!*
*Das Universum und seine Gaben empfange ich auf allen weiten und unendlichen Wegen!*

**»NUR EIN RUHENDES WASSER WIRD WIEDER KLAR.«**

Russische Weisheit

## Welche Visionen begeistern dich und entfachen ein Feuer in dir?

*Wo bist du bei der Erfüllung deiner Träume zu engstirnig und empfindest zu wenig Weite?*

## Was bringt dir Ruhe, um konzentriert und fokussiert deine Visionen zu entwickeln?

## *Wie zentrierst du dich, wenn du zu viel Anspannung und Nervosität verspürst?*

# Neumond im Wassermann

## Neubeginn & Klarheit

**Element:** *Luft*
**Herrscherplanet:** *Uranus*

01.02.22 ★ 21.02.23 ★ 10.02.24
29.01.25 ★ 17.02.26

Der Neumond im Wassermann liegt zwischen Ende Januar und Anfang Februar und vielleicht fragen wir uns zu diesem Zeitpunkt gerade frustriert, warum der ersehnte positive Neubeginn des neuen Jahres noch auf sich warten lässt.

Die Energie des Zeichens Wassermann zeigt im Neumond klar und deutlich auf, in welchen Bereichen unseres Lebens wir uns erneuern und von welchen alten Energien wir uns befreien sollen. Dieser Neumond lädt uns zu einem Neubeginn in Übereinstimmung mit unserer tiefsten und klarsten Wahrheit ein.

Außerdem beinhaltet die Wassermann-Energie den Geist der Rebellion, der Erneuerung und Zukunft. Das kann aber zu einem echten inneren Konflikt führen, wenn sich innere Anteile noch gegen eine neue Ausrichtung sträuben.

Dieser Neumond ist energetisch von Klarheit getragen – wie ein Bergkristall im Sonnenlicht. Die Energie des Wassermanns lehrt uns, dass wir uns immer wieder neu erfinden müssen, um unsere Einzigartigkeit zu bewahren. Ein innerer Neuanfang bedingt, dass wir uns nicht nur von vertrauten Gewohnheiten, Lebensumständen und Menschen verabschieden müssen. Wir müssen uns ebenso von alten und ausgedienten Anteilen befreien.

Doch wir haben die Kraft, unsere Zukunft zu verändern. Akzeptiere den Wachstumsschmerz in dir, denn dein neues Ich wartet bereits!

Passend zu den neuen Energien beginnt zeitgleich das chinesische neue Jahr, dessen Anfang sich nach dem Mondkalender richtet und während des Neumondes im Wassermann stattfindet.

# Energetischer Frühjahrsputz

Im asiatischen Raum beginnt man das neue Jahr mit einem gründlichen Frühjahrsputz, um alle bösen Geister aus dem alten Jahr zu verbannen. Dabei geht es den meisten Chinesen wohl auch um eine perfekte Präsentation ihres Haushalts, da zu dieser Zeit viele Familienmitglieder und Gäste zu Besuch kommen. So werden unter anderem nicht nur alle Fenster geputzt, oft wird sogar das Haus neu gestrichen.

Für unser Reinigungsritual benötigen wir jedoch keine Wandfarbe, sondern lediglich ein Räucherbündel aus weißem Salbei und eine weiße Kerze.

Weißer Salbei wird traditionell zu zeremoniellen und medizinischen Zwecken verräuchert. Salbei soll Klarheit und ein wachsendes spirituelles Bewusstsein fördern. Man sagt, er habe die Fähigkeit, negative Schwingungen aus der Raumenergie zu löschen. Auch die Indigenen nutzen ihn, um schlechte »Spirits« zu vertreiben.

Starte die Reinigung in der Küche und entzünde dort das Räucherbündel an der Kerze. Räuchere zunächst alle Ecken eines Raums und mach dann in der Mitte des Zimmers weiter. Dann gehst du in den nächsten Raum weiter.

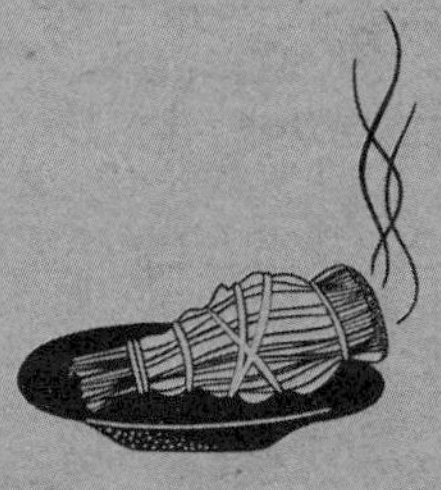

## Sind all deine Träume, Visionen und Ziele rein und klar für dich?

# Was musst du für einen heilsamen Neubeginn hinter dir lassen?

Was erschwert es dir, klarzusehen,
was du verändern musst, um neu zu beginnen?

Welche alten Energien und Angewohnheiten willst du hinter dir lassen? Welche Beziehungen sind mehr Gewohnheit und Belastung, als dass sie dich bereichern?

# Neumond in den Fischen

## Musenkuss & Fantasie

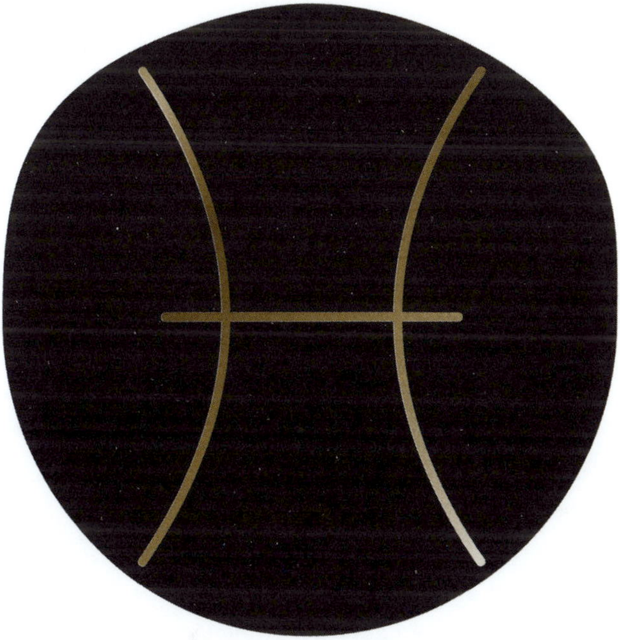

**Element:** *Wasser*
**Herrscherplanet:** *Neptun*

02.03.22 ★ 20.02.23 ★ 10.03.24
28.02.25 ★ 19.03.26

Die Energie des Neumondes im Zeichen Fische ist transzendent, magisch, mitfühlend, kreativ und verträumt. Es herrscht eine etwas undurchschaubare und verwirrende Stimmung, denn einerseits verspüren wir den Wunsch zu helfen, zu heilen und uns mit unseren Mitmenschen zu verbinden. Andererseits ist das Bedürfnis nach Rückzug, Abgrenzung und Abtauchen stärker als sonst.

Das Symbol des Tierkreiszeichens stellt zwei Fische dar, die in unterschiedliche Richtungen schwimmen. Dieser innere Zwiespalt liegt am Herrscher des Zeichens Fische: Neptun symbolisiert die Welt des Ungreifbaren, des Irrationalen, der Täuschung, der Fantasie und der universellen Liebe.

Durch die Energie des Neumondes in diesem feinsinnigen Zeichen werden unsere eigenen feinsten Sinne angeregt. Wir spüren mehr als sonst, was energetisch in den feinen Frequenzen in unserer Umgebung so vor sich geht. Das ist überwältigend und verstärkt den Drang nach Stille und Abkehr von der lauten Welt im Außen. In dieser Sphäre der Fantasie kann uns bei Neumond in den Fischen die Muse der Kunst, Musik, Malerei oder Poesie küssen.

In einer solch verträumten Stimmung könnten möglicherweise Probleme mit unserer Wahrnehmung auftauchen. Vielleicht sind wir nicht allzu rational und stellen uns dann verwirrt komplett selbst infrage. In dieser Traumwelt ist es schwierig, klar zu unterscheiden, was Wahrheit und was Fantasie ist. Wir müssen zur Ruhe kommen und den Kuss der Muse in göttliche Ideen und magische Werke transformieren.

In der Energie des Fische-Neumondes dürfen wir eine eigene Form der Transzendierung und des Abtauchens in unsere innere Welt der Fantasie finden.

# Intuitives Gestalten

Du brauchst Papier, farbige Stifte beziehungsweise Wasser- oder Ölfarben, einen Pinsel und eine Leinwand – wie es dir gefällt. Schenk dir selbst Zeit und Ruhe, um deiner inneren Schöpferkraft Raum zu geben. Im intuitiven Gestalten darfst du dem Lärm der Gedanken und Außenwelt für einen Moment bewusst entfliehen und den Kopf ausschalten.

Lass durch Pinsel oder Stift deine Kreativität fließen und tauch ab in deine Fantasie. Erinnere dich, wie du als Kind ohne Hemmung einfach drauflosgezeichnet oder -gemalt hast.

»DIE KUNST UND NICHTS ALS DIE KUNST! SIE IST DIE GROSSE ERMÖGLICHERIN DES LEBENS, DIE GROSSE VERFÜHRERIN ZUM LEBEN, DAS GROSSE STIMULANS DES LEBENS.«[7]

Friedrich Nietzsche

Wenn du lieber schreiben willst: Wie wäre es, ein Gedicht für dich selbst zu verfassen? Lass die Worte auf das Papier fließen, sanft und intuitiv wie die Schwimmbewegung eines Fischs. Aktiviere deine natürliche kreative Seite. Bewerte dein Kunstwerk nicht.

Nein, du musst kein Picasso oder Goethe sein, vertraue nur deiner Fantasie und dem göttlichen Funken der Kreativität! Du wirst erstaunt sein, wozu du in der Lage bist. Für kreative Projekte ist der Mond in den Fischen die beste Zeit, weil deine Inspiration fließt und leicht zugänglich ist.

Gib dich ganz und gar deinen Gefühlen hin und lass dich von den Impulsen deiner Kreativität führen.

Was bedeutet für dich der Begriff »universelle Liebe«? Was löst er in dir aus?

## Was regt deine Fantasie und innere Schöpferkraft an?

Welche inneren magischen und surrealen Welten wollen von dir auf Papier oder Leinwand gebracht werden?

## Wie kannst du regelmäßig mehr Kreativität und göttliche Inspiration in dein Leben bringen?

# Welche Form von Kunst z.B. Malerei oder Fotografie zieht dich schon immer magisch an?

Gibt es bestimmte Künstler oder Bilder, die dich besonders faszinieren?

# Neumond im Widder

## Beginnergeist & Samensetzung

**Element:** *Feuer*
**Herrscherplanet:** *Mars*

01.04.22 ★ 21.03.23 ★ 20.04.23 ★ 08.04.24
29.03.25 ★ 27.04.25 ★ 17.04.26

Die Energien des Neumondes im Zeichen Widder entsprechen den Energien des Frühjahrs. Nun dürfen wir aufbrechen und ganz neue Wege beschreiten. In dieser Energie schaffen wir durch den Antrieb dieser Energie eine neue Vision.

Vielleicht fehlen gerade jetzt in unserem Leben der magische Funke eines Neuanfangs, Veränderungen, Freude und Lebendigkeit.

Leg deshalb einen neuen inneren Samen, eine Intention, an den Ort, an dem alles in dir nach Neuanfang und Entfaltung ruft!

Wir erhalten mit dieser Mondenergie viel Weitsicht und dürfen erkennen, warum bestimmte Dinge in unserem Leben bisher nicht wachsen und gedeihen konnten. Im besten Fall führt uns diese Klarheit zu Selbstvertrauen und einem inneren Neustart.

Die Zeit um den Widder-Neumond eignet sich wunderbar, die natürliche und magische Fähigkeit in uns wiederzuentdecken, auf das Unsichtbare, noch Verborgene zu vertrauen. Ähnlich wie die Frühlingsblumen, die noch unter der Erde darauf warten, bald wieder zu blühen, dürfen auch wir vertrauen. Das Ziel ist das Durchdringen der dunklen und verhärteten Erde aus inneren Blockaden, damit das zarte Pflänzchen des Neubeginns vom Sonnenlicht genährt wird und aufblühen darf!

Jeder gegenwärtige Moment bietet uns die Chance auf einen Neuanfang. Legen wir neue Samen und öffnen wir unsere Herzen für die Erfüllung unserer Wünsche.

## Den Samen des Neuanfangs aussäen

Bei Neumond im Widder sind wir eingeladen, aktiv zu werden, einen neuen, wirksamen Samen zu legen, vielleicht in Bereichen unseres Lebens, in denen wir selbst lustlos und die Energien schlaff geworden sind.

Diesen Samen dürfen wir mit Antriebskraft, Vertrauen, Zuversicht und Feuer versehen.

Du benötigst einen kleinen Pflanzentopf, Erde, Pflanzensamen deiner Wahl, ein Blatt Papier und einen Stift. Schreib deine Neumond-Vision, deinen Wunsch, der nun erblühen soll, auf ein Blatt Papier.

Leg es gefaltet in den Blumentopf. Fülle den Topf etwa zur Hälfte mit Erde.

Lege deine Samen hinein und bedecke sie mit einer Handvoll Erde.

Denk dabei ganz fest an deine Vision und an den Wunsch; du kannst ihn auch laut aussprechen.

Pflege deinen kleinen Visionstopf mit den Samenkörnern von nun an regelmäßig. Lass den Boden nicht austrocknen, aber übergieße auch nicht. Wenn deine Pflanze zu sprießen beginnt und zu groß für den Topf wird, kannst du sie draußen in deinem Garten einpflanzen oder in etwas Größeres umtopfen.

»DAS GANZE LEBEN IST EIN EWIGES WIEDERANFANGEN.«[8]

Hugo von Hofmannsthal

## Welche Bereiche deines Lebens findest du monoton und unfruchtbar?

## Was möchtest du Neues beginnen in deinem Leben?

## Gibt es Visionen und Wünsche, deren Wachstum du nicht weiter gefördert hast?

Welches Thema in deinem Leben benötigt mehr Power und Zuversicht?

# Neumond in den Zwillingen

## Leichtigkeit & Flexibilität

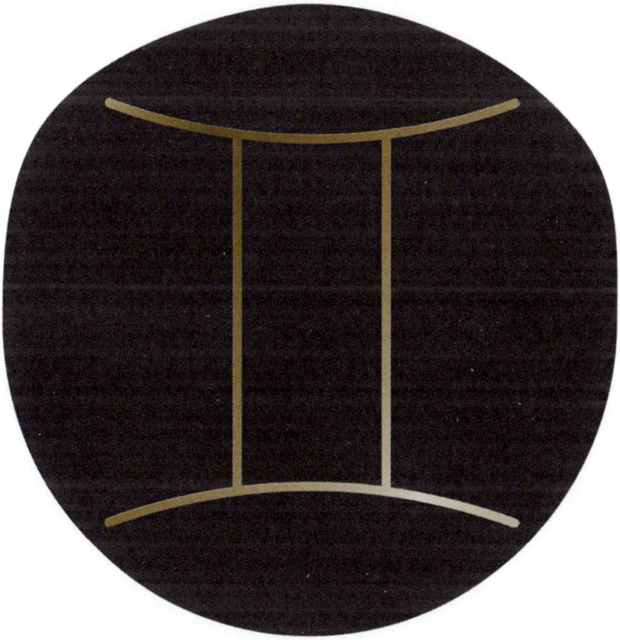

**Element:** Luft
**Herrscherplanet:** Merkur

10.06.21 ★ 30.05.22 ★ 18.06.23 ★ 06.06.24
27.05.25 ★ 25.06.25 ★ 15.06.26

Das Zeichen Zwillinge verkörpert Jugendlichkeit und die damit verbundene Leichtigkeit des Seins. Allgemein sagt man, dass Zwillinge-Geborene kaum altern, das liegt daran, dass sie sich ihr neugieriges inneres Kind und ihre Offenheit und Neugier bewahren.

Wenn wir uns tief mit der Zwillingsenergie verbinden, fühlen wir uns auch nicht alt und weise wie der Zauberer Merlin oder Nostradamus. Eher wie eine sehr kluge, wissbegierige Karla Kolumna, die rasende Reporterin aus einer Kindergeschichte, die offen, flexibel und vorurteilsfrei den Durchblick haben will.

Die Zwillingsenergie zwingt uns zu akzeptieren, dass es noch unendlich viel zu lernen gibt. Die Quelle des Wissens ist unerschöpflich!

Der Neumond im Zeichen Zwillinge will uns mit seiner Energie mehr Offenheit und Leichtigkeit spüren lassen und uns flexibler machen.

Er schenkt uns einen wachen und klaren Verstand, der uns hilft, die richtigen Worte voll klarster und positivster Absichten zu finden. Sprich so auch zu dir selbst!

Diese offenen Worte sollen auch andere Menschen dazu anregen, wieder mehr Leichtigkeit zu leben.

Es liegt an uns, unser inneres Kind, Flexibilität und Leichtigkeit zu bewahren!

Der Neumond in den Zwillingen stellt uns täglich neu vor die Frage: Was kann ich heute wieder auf dieser wunderbaren Welt lernen?

# Federleichter Flug

Räuchere dein Zuhause mit einer Räuchermischung deiner Wahl, zum Beispiel Palo Santo oder Salbei.

Ehre und begrüße das Element Luft in deinen Räumen und bitte es innerlich, dich dabei zu unterstützen, mehr Leichtigkeit zu erlangen.

Komm zur Ruhe, zünde eine Kerze an und nimm einen Meditationssitz ein.

Im Schamanischen gelten Vögel als Krafttiere, als fliegende Nachrichtenübermittler zwischen Menschen und der geistigen Welt.

Visualisiere, wie du dich in einen Vogel, vielleicht einen stolzen Adler, verwandelst und frei und leicht durch die Lüfte fliegst. In traditionellen Überlieferungen der Indigenen ist der Adler ein Botschafter des Großen Geists.

Sieh nach unten: Der Boden unter dir fließt vorbei. Du siehst eine wunderschöne grüne Wiese.

Breite deine Flügel aus und fliege hoch in den Himmel hinauf. Beim Blick nach unten stellst du fest, wie klein da unten alles erscheint aus deiner Perspektive.

Nimm eine echte Feder zur Hand, erkunde ihre feinen Linien, ihre weichen, geschwungenen Federn. Lass die Feder jetzt in deiner Vorstellung langsam zur Erde schweben.

Nimm dieses Bild in dir auf und erinnere dich immer wieder an die Leichtigkeit der Feder, um mehr Leichtigkeit in deinen Alltag zu integrieren.

*In welchem Bereich deines Lebens kannst du deine kindliche Neugier ausleben? Was möchtest du lernen?*

In welchen Situationen bist du authentisch, spontan und flexibel?

Wann und in welchen Situationen, in welcher Umgebung bist du fröhlich und ungezwungen?

## Welche Gedanken blockieren deine Leichtigkeit?

# Neumond im Steinbock

## Aufstieg & Manifestation

**Element:** Erde
**Herrscherplanet:** Saturn

02.01.22 ★ 23.12.22
11.01.24 ★ 18.01.26

Ein ausgeprägtes Organisationstalent, Strukturen schaffen und Verantwortung übernehmen gehört zu den wichtigsten persönlichen Themen des Zeichens Steinbock, dessen Herrscherplanet Saturn ist. Da der Steinbock dem Element Erde zugeordnet ist, geht es bei diesem Zeichen um materiellen Erfolg und einen ausgeprägten Realitätssinn.

Was wir häufig vergessen: Zwar besitzt der Steinbock einen sturen Dickkopf und gilt als etwas streng und hartnäckig, was die Ausrichtung auf seine Ziele betrifft, doch ist er immer auch an einer Lösung mit Herz, Seele und zum Wohl der Allgemeinheit interessiert. Deshalb sollten wir jetzt innehalten und darüber nachdenken, ob wir unsere Gaben mit anderen teilen, um unseren höchsten Idealen wirklich gerecht zu werden.

Bei dieser Energie geht es also nicht nur darum, Erfüllung für uns selbst zu finden, sondern um das Teilen. Dahinter steht ein Verantwortungsgefühl für die Allgemeinheit, die von unseren guten Taten profitieren soll.

Nimm die Verantwortung für deine Träume und Ziele in die Hand! Die Energie des Neumondes im Steinbock strukturiert deine Wünsche und Absichten und lässt sie durch die neue Ordnung klarer werden.

Ein Neumond im Steinbock ist eine wunderbare Chance, deine inneren Steinbock-Themen, wie Verantwortung, Pflicht, Werte, Strukturen, Familienkarma, zu betrachten.

Visualisiere und manifestiere all deine Wünsche, Ziele, neuen Pläne und Projekte, die du mit deinem eigenen inneren und äußeren Aufstieg verbindest!

# Das Vier-Ziele-Vision-Board

Der Neumond im Steinbock liegt meist am Beginn eines neuen Jahres. Über dieser Zeit liegt der Zauber des Neubeginns, und wir möchten erfolgreich ins neue Jahr starten. Bevor man aber etwas manifestiert, sollte man eine konkrete Vision haben.

Mithilfe der Steinbock-Energie fällt es dir sicher leichter, zur Essenz deiner tiefsten Wünsche zu gelangen und zu erkennen, in welchen Bereichen du weiterkommen oder wachsen willst.

Die Steinbock-Energie verlangt Struktur, daher ist es wichtig, deine Ziele und Wünsche fürs Unterbewusstsein zu definieren und mithilfe eines Vision-Boards zu sortieren. Das Bild deiner Visionen hilft dir auf unterbewusster Ebene bei der Manifestation deiner Wünsche.

Anleitung: Mit welchen vier Begriffen würdest du deine Ziele definieren? Schreib sie nebeneinander auf ein großes Blatt Papier. Sammle Zeitschriften, Magazine, Prospekte, die dich inspirieren. Schneide die Bilder aus, die deinen Träumen am meisten entsprechen, und ordne sie den einzelnen Begriffen zu beziehungsweise klebe sie darunter. Beispielsweise könnte unter dem Wort »Erholung« das Bild einer Trauminsel mit Sonnenuntergang stehen – das Symbol für den nächsten Familienurlaub.

**»DER WEG IST DAS ZIEL.«**

In welchen Bereichen deines Lebens möchtest du mehr Klarheit gewinnen?

## Was möchtest du Neues in dein Leben säen und welche Träume und Visionen willst du manifestieren?

In welchen Bereichen deines Lebens übernimmst du noch zu wenig Verantwortung? Beeinflusst dich hierbei vielleicht deine Familie?

## Wie kannst du dich und dein Leben besser strukturieren? Was brauchst du dafür?

Wo verhindert oder blockiert dich allzu viel Traditionsgedanke oder Pflichtgefühl, aktiv zu werden?

Gibt es Bereiche in deinem Leben in denen du zu streng zu dir selbst und anderen bist?

# Neumond im Stier

## Erdung & Fülle

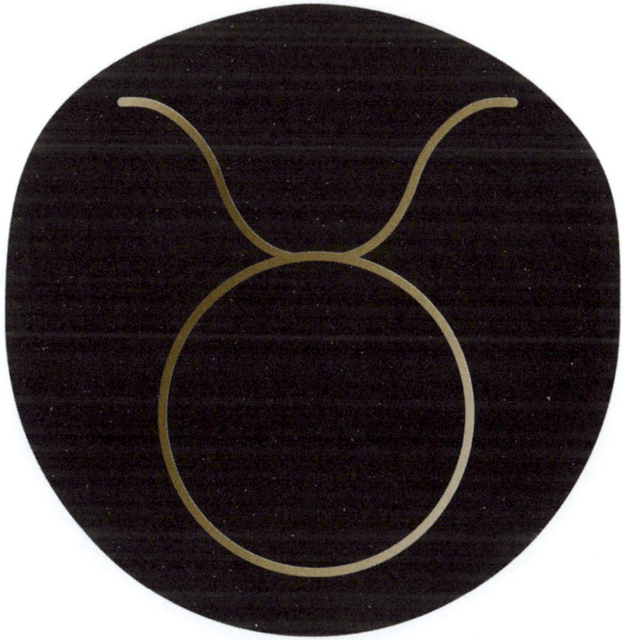

**Element:** Erde
**Herrscherplanet:** Venus

30.04.22 ★ 19.05.23 ★ 08.05.24
27.04.25 ★ 16.05.26

Ein Neumond im Stier will, dass wir herausfinden, ob wir geerdet und mit all unseren Sinnen verbunden sind, um die Schönheit dieses menschlichen Lebens, alle Geschenke des Universums und die Gaben von Mutter Natur annehmen zu können.

Im Alltag sind wir oft auf der Suche nach etwas, das unsere Seele nährt, damit in uns Zufriedenheit einkehren kann. Wir befinden uns viel zu oft in einem Mangelzustand, geraten in einen Kaufrausch und wollen unseren inneren Mangel mit Materie füllen. So verlagern wir unser inneres Defizit auf unser Konto und sind dann noch unzufriedener.

Venus, der Herrscherplanet des Stiers, steht für Liebe, Schönheit, Kunst, aber auch für Geld, Reichtum und Fülle. Um aber wahre Fülle zu leben und erfüllt zu sein, benötigen wir ein »reiches« Mindset. Damit ist ein tiefes Vertrauen in unseren Reichtum gemeint, das uns gar nicht mehr in die Falle von Mangelgedanken tappen lässt.

Beim Neumond im Stier geht es um das Annehmen der Geschenke des Universums, aber auch darum, unseren Körper, unser Sein als einen Tempel zu begreifen, der zu jeder Zeit echten Reichtum empfangen darf. Dieser Neumond lädt uns ein, im Bewusstsein der materiellen Ebene unseres Daseins und in Dankbarkeit gegenüber Mutter Erde eine persönliche Vision von Fülle zu erschaffen.

Jeder kann sich dem Vertrauen auf Fülle öffnen. Oder man verschließt sich und blockiert sie dadurch. Finde heraus, warum sich Reichtum in deinem Leben bisher noch nicht manifestieren konnte.

# Sei der Tempel der Fülle

Oft ruhen wir uns auf unseren Mangelgedanken aus und glauben, dass wir persönlich einfach nicht für Fülle und Reichtum gemacht sind. Doch das ist nicht wahr, der Schatz des Universums ist unendlich, und jeder Einzelne von uns hat Geschenke daraus verdient!

Setz dich auf ein Meditationskissen oder bequem auf den Boden. Werde dir voll und ganz deines Körpers bewusst. Vielleicht hörst du eine ruhige Entspannungsmusik.

Verbinde dich mit der Erde und visualisiere dann, dein Körper sei ein alter, schöner, verzierter Steintempel. Dieser steht solide, stark und sicher auf einer begrünten Anhöhe.

Ehre diesen Tempel. Stell dir vor, eine Göttin oder Priesterin bringt heiliges Wasser zum Altar deines Tempels und verteilt Rosenblätter, die die Göttin Venus symbolisieren. Jetzt dürfen alle Ängste, negativen Gedanken und dein Glaube an Mangel verschwinden.

Geh gedanklich vor zum Altar, wo du einen Strauß bunter Blumen siehst. Atme ihren Duft ein, nimm die sanfte Form ihrer Blüten wahr. Die Energie des Zeichen Stiers sammelt sich in diesem Blumenstrauß. Sie fühlt sich warm, geduldig, sinnlich und reich an. Verinnerliche dieses Gefühl und öffne die Augen. Du empfindest Dankbarkeit für alles, was du bereits besitzt. Schreib Worte der Dankbarkeit auf und lies den Text immer dann, wenn du dich im Mangel fühlst.

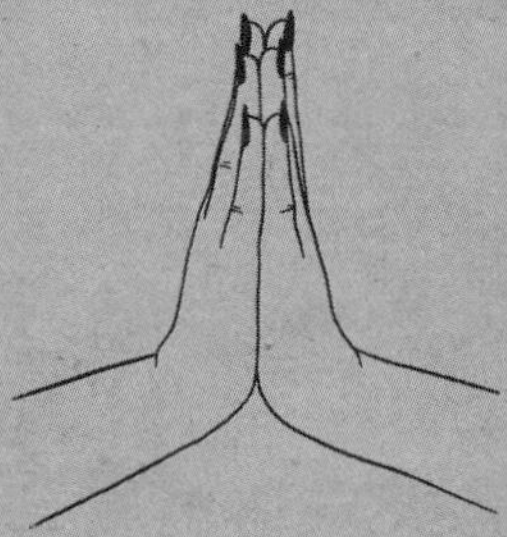

## Wie erdest du dich?
## Hast du hierfür ein Ritual oder eine Routine?

## Was bedeutet Fülle für dich?
## Was denkst du über Geld und deine Finanzen?

In welchen Bereichen deines Lebens herrscht mehr Mangel als Fülle? Wo empfindest du dich als zu bequem und könntest aktiver für Reichtum sorgen?

## Wie willst du Fülle in dein Leben ziehen?

# Wie du dein Mond-Wissen vertiefst

Wenn du die Magie dieses Mond-Journals auch außerhalb von Neu- oder Vollmond-Ereignissen nutzen willst, dann verwende für die abnehmende Mondphase die Texte der Neumonde und für die zunehmende Mondphase die Vollmond-Texte.

Wenn du keinen Mondkalender hast, findest du im Internet Tabellen, die anzeigen, in welchem Zeichen und in welcher Phase der Mond im Moment gerade steht. Es gibt auch gute Apps, wie zum Beispiel »MoonWorx«, oder die kostenlose Internetseite www.mondkalender-online.de. Auf dieser erfährt man sogar die Uhrzeiten der Mond-Zeichenwechsel.

Neugierige und Astro-Fortgeschrittene können herausfinden, auf wie viel Grad ein Mond-Ereignis (Neumond oder Vollmond) im jeweiligen Tierkreiszeichen stattfindet.

Mithilfe eures Geburtshoroskops oder anhand des Geburtsdatums, des Geburtsorts und der Geburtszeit lässt sich bestimmen, in welchem astrologischen Haus oder Lebensbereich der betreffende Mond seine Wirkung entfaltet.

Die Bedeutungen der astrologischen Häuser findet ihr auf den Seiten der Tierkreiszeichenübersicht hier im Buch.

Ich empfehle zur Berechnung die englischsprachige, kostenlose Website www.horoscopes.astro-seek.com/full-moon-transits-in-natal-chart-astrology.

Dort erhaltet ihr eine Übersicht aller Mond-Ereignisse eines Jahres mit Blick auf euer persönliches Horoskop. Außerdem sind mögliche Berührungen (Konjunktionen) des Mond-Ereignisses mit euren Geburtsplaneten aufgeführt.

# Mondkalender 2021

## VOLLMONDE

**28. JANUAR**
Vollmond im Löwen

**27. FEBRUAR**
Vollmond in der Jungfrau

**28. MÄRZ**
Vollmond in der Waage

**27. APRIL**
Vollmond im Skorpion

**26. MAI**
Vollmond im Schützen

**24. JUNI**
Vollmond im Steinbock

**24. JULI**
Vollmond im Wassermann

**22. AUGUST**
Vollmond im Wassermann

**21. SEPTEMBER**
Vollmond in den Fischen

**20. OKTOBER**
Vollmond im Widder

**19. NOVEMBER**
Vollmond im Stier

**19. DEZEMBER**
Vollmond in den Zwillingen

## NEUMONDE

**13. JANUAR**
Neumond im Steinbock

**11. FEBRUAR**
Neumond im Wassermann

**13. MÄRZ**
Neumond in den Fischen

**12. APRIL**
Neumond im Widder

**11. MAI**
Neumond im Stier

**10. JUNI**
Neumond in den Zwillingen

**10. JULI**
Neumond im Krebs

**8. AUGUST**
Neumond im Löwen

**7. SEPTEMBER**
Neumond in der Jungfrau

**6. OKTOBER**
Neumond in der Waage

**4. NOVEMBER**
Neumond im Skorpion

**4. DEZEMBER**
Neumond im Schützen

# Mondkalender 2022

## VOLLMONDE

**18. JANUAR**
Vollmond im Krebs

**16. FEBRUAR**
Vollmond im Löwen

**18. MÄRZ**
Vollmond in der Jungfrau

**16. APRIL**
Vollmond in der Waage

**16. MAI**
Vollmond im Skorpion

**14. JUNI**
Vollmond im Schützen

**13. JULI**
Vollmond im Steinbock

**12. AUGUST**
Vollmond im Wassermann

**10. SEPTEMBER**
Vollmond in den Fischen

**9. OKTOBER**
Vollmond im Widder

**8. NOVEMBER**
Vollmond im Stier

**8. DEZEMBER**
Vollmond in den Zwillingen

## NEUMONDE

**2. JANUAR**
Neumond im Steinbock

**1. FEBRUAR**
Neumond im Wassermann

**2. MÄRZ**
Neumond in den Fischen

**1. APRIL**
Neumond im Widder

**30. APRIL**
Neumond im Stier

**30. MAI**
Neumond in den Zwillingen

**29. JUNI**
Neumond im Krebs

**28. JULI**
Neumond im Löwen

**27. AUGUST**
Neumond in der Jungfrau

**25. SEPTEMBER**
Neumond in der Waage

**25. OKTOBER**
Neumond im Skorpion

**23. NOVEMBER**
Neumond im Schützen

**23. DEZEMBER**
Neumond im Steinbock

# Mondkalender 2023

## VOLLMONDE

**7. JANUAR**
Vollmond im Krebs

**5. FEBRUAR**
Vollmond im Löwen

**7. MÄRZ**
Vollmond in der Jungfrau

**6. APRIL**
Vollmond in der Waage

**5. JUNI**
Vollmond im Skorpion

**4. JUNI**
Vollmond im Schützen

**3. JULI**
Vollmond im Steinbock

**1. AUGUST**
Vollmond im Wassermann

**31. AUGUST**
Vollmond in den Fischen

**29. SEPTEMBER**
Vollmond in den Widder

**28. OKTOBER**
Vollmond im Stier

**27. NOVEMBER**
Vollmond in den Zwillingen

**27. DEZEMBER**
Vollmond im Krebs

## NEUMONDE

**21. JANUAR**
Neumond im Wassermann

**20. FEBRUAR**
Neumond in den Fischen

**21. MÄRZ**
Neumond im Widder

**20. APRIL**
Neumond im Widder

**19. MAI**
Neumond im Stier

**18. JUNI**
Neumond in den Zwillingen

**17. JULI**
Neumond im Krebs

**16. AUGUST**
Neumond im Löwen

**15. SEPTEMBER**
Neumond in der Jungfrau

**14. OKTOBER**
Neumond in der Waage

**13. NOVEMBER**
Neumond im Skorpion

**13. DEZEMBER**
Neumond im Schützen

# Mondkalender 2024

## VOLLMONDE

**25. JANUAR**
Vollmond im Krebs

**24.FEBRUAR**
Vollmond im Löwen

**25. MÄRZ**
Vollmond in der Waage

**24. APRIL**
Vollmond im Skorpion

**23. MAI**
Vollmond im Skorpion

**22. JUNI**
Vollmond im Schützen

**21. JULI**
Vollmond im Steinbock

**19. AUGUST**
Vollmond im Wassermann

**18. SEPTEMBER**
Vollmond in den Fischen

**17. OKTOBER**
Vollmond im Widder

**15. NOVEMBER**
Vollmond im Stier

**15. DEZEMBER**
Vollmond in den Zwillingen

## NEUMONDE

**11. JANUAR**
Neumond im Steinbock

**10. FEBRUAR**
Neumond im Wassermann

**10. MÄRZ**
Neumond in den Fischen

**8. APRIL**
Neumond im Widder

**8. MAI**
Neumond im Stier

**6. JUNI**
Neumond in den Zwillingen

**5. JULI**
Neumond im Krebs

**4. AUGUST**
Neumond im Löwen

**3. SEPTEMBER**
Neumond in der Jungfrau

**2. OKTOBER**
Neumond in der Waage

**1. NOVEMBER**
Neumond im Skorpion

**1. DEZEMBER**
Neumond im Schützen

**30. DEZEMBER**
Neumond im Schützen

# Mondkalender 2025

## VOLLMONDE

**13. JANUAR**
Vollmond im Krebs

**12. FEBRUAR**
Vollmond im Löwen

**14. MÄRZ**
Vollmond in der Jungfrau

**13. APRIL**
Vollmond in der Waage

**12. MAI**
Vollmond im Skorpion

**11. JUNI**
Vollmond im Schützen

**10. JULI**
Vollmond im Steinbock

**9. AUGUST**
Vollmond im Wassermann

**7. SEPTEMBER**
Vollmond in den Fischen

**7. OKTOBER**
Vollmond im Widder

**5. NOVEMBER**
Vollmond im Stier

**5. DEZEMBER**
Vollmond in den Zwillingen

## NEUMONDE

**29. JANUAR**
Neumond im Wassermann

**28. FEBRUAR**
Neumond in den Fischen

**29. MÄRZ**
Neumond im Widder

**27. APRIL**
Neumond im Widder

**27. MAI**
Neumond in den Zwillingen

**25. JUNI**
Neumond in den Zwillingen

**24. JULI**
Neumond im Krebs

**23. AUGUST**
Neumond im Löwen

**21. SEPTEMBER**
Neumond in der Jungfrau

**21. OKTOBER**
Neumond in der Waage

**20. NOVEMBER**
Neumond im Skorpion

**20. DEZEMBER**
Neumond im Schützen

# Mondkalender 2026

## VOLLMONDE

**3. JANUAR**
Vollmond im Krebs

**1. FEBRUAR**
Vollmond im Krebs

**3. MÄRZ**
Vollmond in der Jungfrau

**2. APRIL**
Vollmond in der Waage

**1. MAI**
Vollmond im Skorpion

**31. MAI**
Vollmond im Schützen

**30. JUNI**
Vollmond im Steinbock

**29. JULI**
Vollmond im Steinbock

**28. AUGUST**
Vollmond in den Fischen

**26. SEPTEMBER**
Vollmond in den Fischen

**26. OKTOBER**
Vollmond im Widder

**24. NOVEMBER**
Vollmond im Stier

**24. DEZEMBER**
Vollmond im Krebs

## NEUMONDE

**18. JANUAR**
Neumond im Steinbock

**17. FEBRUAR**
Neumond im Wassermann

**19. MÄRZ**
Neumond in den Fischen

**17. APRIL**
Neumond im Widder

**16. MAI**
Neumond im Stier

**15. JUNI**
Neumond in den Zwillingen

**14. JULI**
Neumond im Krebs

**12. AUGUST**
Neumond im Löwen

**11. SEPTEMBER**
Neumond in der Jungfrau

**10. OKTOBER**
Neumond in der Waage

**9. NOVEMBER**
Neumond im Skorpion

**9. DEZEMBER**
Neumond im Schützen

# Über die Autorin

Tanja ist eine echte Menschenfreundin und hat es sich zur Lebensaufgabe gemacht, Spiritualität unverstaubt, modern und bodenständig in die Welt zu tragen. Sie selbst würde sagen, das liege vielleicht auch daran, dass sie vom Sternzeichen Zwilling ist. Denn die Astrologie ist neben der schamanischen Praxis ihr absolutes Lieblingsgebiet. In ihrem Podcast Seele, Mond und Sterne und auch auf anderen Kanälen wie ihrem Instagramaccount @_innerwisdom_ und ihrer Website www.seelemondundsterne.de liefert sie regelmäßig Kosmische Wetterberichte, Informationen zur aktuellen Zeitqualität, astrologische Transite und Berichte zu aktuellen Mondphasen, die sie zusammenfassend den kosmischen Fahrplan des Universums nennt.

Die Vielfalt, die den Zwillingen astrologisch zugeschrieben wird, verkörpert sie mit ihrem bunten Leben: Nach ihrem Kunstgeschichtsstudium war Tanja Brock jahrelang Geschäftsführerin einer eigenen Modeboutique, gründete mit ihrer Schwester ein Trachtenlabel, arbeitete dann mehrere Jahre im Aktien-Fondmanagement und einer Strategieberatung. Sie machte mehrere psychologische und spirituelle Ausbildungen, um letztlich ihre wahre Bestimmung zu finden, der sie seit einigen Jahren folgt: Sie berät Menschen spirituell und astrologisch und bietet Readings und Beratungen zu allen Lebensfragen an. Mit ihren Instagrambeiträgen, in denen der Mond und seine Magie eine zentrale Rolle spielen, und ihren Seminaren, E-Books und Kursen will sie zeigen, dass jeder mit Hilfe der Astrologie den persönlichen Seelenplan entschlüsseln kann. Tanja Brock lebt in ihrer Heimatstadt München, gemeinsam mit ihrem kleinen Seelenhund: Dackel Anton.

# Bildnachweis

Illustrationen im Innenteil:

creativemarket.com/ Coral Antler Creative
creativemarket.com/ MoodyPapers
creativemarket.com/ Pixejoo
creativemarket.com/ Lana Elanor
shutterstock.com/ Morozov Alexey

# Endnoten

1 Gedanken (VI, 619), Anaconda, Köln 2007, S. 305
2 Der Prophet, Vom Kaufen und Verkaufen, Nikol, Hamburg 2015, S. 40
3 Handorakel und Kunst der Weltklugheit, Insel-Verlag, Frankfurt am Main 1960, S.62
4 Der Prophet, Über die Liebe, Nikol, Hamburg 2015, S. 16
5 Gesammelte Werke in zehn Bänden. Band 8, Reinbek bei Hamburg: 1975, S. 188–191
6 Johann Wolfgang von Goethe: Berliner Ausgabe. Poetische Werke [Band 1–16], Band 3, Berlin 1960 ff., S. 21–22.
7 Notizbuch von 1888 (KSA 13, 17[3], S. 522 und 521
8 Der Schwierige, S. Fischer, Berlin 1921, Hechingen, S. 128

**Bibliografische Information der Deutschen Nationalbibliothek**
Die Deutsche Nationalbibliothek verzeichnet diese Publikation in der Deutschen Nationalbibliografie.
Detaillierte bibliografische Daten sind im Internet über http://d-nb.de abrufbar.

**Für Fragen und Anregungen**
info@mvg-verlag.de

Originalausgabe
1. Auflage 2021
© 2021 by mvg Verlag, ein Imprint der Münchner Verlagsgruppe GmbH
Türkenstraße 89
80799 München
Tel.: 089 651285-0
Fax: 089 652096

Alle Rechte, insbesondere das Recht der Vervielfältigung und Verbreitung sowie der Übersetzung, vorbehalten. Kein Teil des Werkes darf in irgendeiner Form (durch Fotokopie, Mikrofilm oder ein anderes Verfahren) ohne schriftliche Genehmigung des Verlages reproduziert oder unter Verwendung elektronischer Systeme gespeichert, verarbeitet, vervielfältigt oder verbreitet werden.

Redaktion: Sabine Zürn
Umschlaggestaltung: Manuela Amode
Umschlagabbildung: Shutterstock.com/ Artnis, mexrix, Paitoon Pornsuksomboon,Twilight Sparkle, Creativemarket.com/Coral Antler Creative
Layout: Ortrud Müller, Die Buchmacher – Atelier für Buchgestaltung, Köln
Satz: Ortrud Müller, Die Buchmacher – Atelier für Buchgestaltung, Köln
Druck: Florjancic Tisk d.o.o., Slowenien
Printed in the EU

Wir produzieren nachhaltig
www.m-vg.de

ISBN Print 978-3-7474-0316-7

Weitere Informationen zum Verlag finden Sie unter

**www.mvg-verlag.de**

Beachten Sie auch unsere weiteren Verlage unter www.m-vg.de